U0137232

超凡脫俗

成功路上的相對論

周方野 著

堅持，為你贏得機會和成功！

以不懈的努力和堅持，開啟人生道路上的每一扇窗，
一步一步地超越自己，尋找屬於自己的非凡視野，
訴說屬於自己的生命傳奇……

前　言

個人一生的榮辱，應以平常心對待。當生活處於順境時，仍應保持憂患意識，勿失踏實、誠懇、正直的精神，以更強大的力量，發揮自己造福社會的責任。當生活處於困境時，仍應心神寧定，保持清醒超脫的頭腦，分析造成困境的原因，針對根源，採取適當的對應措施，不屈不撓、堅忍不拔地去超越與突破。

在生命的旅途中，常會因賺錢而累積許多財富，部分人在此時常會誤入歧途。有的自以爲本領高強，狂妄自大、目空一切；有的私生活奢侈糜爛，燈紅酒綠、夜不歸宿。自己身邊的親屬上行下效，也逐漸浪費成性。反過來，人也常會在困境之中掙扎，甚至貧困潦倒；有的當局者迷，惶惶不可終日、束手無策；有的不敢面對問題、解決問題，只是怨天尤人、藉機逃避。

其實，人生是充滿隨機性的，你無法預知明天的每件事情，可是一旦事情發生了，你不都得面對嗎？雖然有時結果並不好，但是活著得有目標，得有個活著的理由。抱著樂觀的態度去面對生活、面對一切，會讓你快樂、幸福。我們很多人都有這種切身感受：當自己春風得意之時，便會感覺生活處處充滿陽光；一旦遇到困難、身處逆境時，就會覺得生活陰暗，甚至感到世界末日即將來臨。因此，個人主觀性影響且改變著我們的生活和事業。每個人擁有80％的優點，只有20％的不足。問題是，你如何發現和對待這80％與20％的關係。當你將自己的20％與他人相比時，你不禁會感嘆：原來我如此富有！

成功與失敗一直是人們關注的焦點，也是許多文人墨客競相談論的話題，成功使人欣喜若狂，失敗使人痛不欲生。有的人將成功作爲一生追求的目標，因此他的生活才有了光彩，其實，成功與失敗只有一步之遙。

一生的經歷，無論榮辱，只要把握當下，不要患得患失，反而可能達成自己的目標，即使不能，自己也會快樂。

本系列收集了近千個充滿雋永智慧的人生故事，涵蓋了幸福人生的所有角落——有自我認識、職場智慧、金錢財富、愛情親情、交際處世、心靈境界、經管勵志等大類。在這些精闢的小故事中，蘊含著無窮的思想和智慧，也會帶著你神遊古今，在知識與哲理的海洋中遨遊。

你給我一分鐘，我就會給你驚喜，會讓你人生數十寒暑，過得更有意義！願書中這些哲理故事能給你的人生些許啓示，能讓你的人生之旅更加愉悅、通達、輕鬆！

目錄

Contents

第二輯 金錢財富與欲望滿足

第三輯 個性推銷與致富經營

目錄

CHAPTER 1

第一輯

化解困境與走向成功

懶惰和愚蠢在一起，勤勞和智慧在一起，消沉和失敗在一起，
毅力和勝利在一起。人要有毅力，否則一事無成。

——居里夫人

告訴你使我走出困境的奧秘吧！我唯一的力量就是堅持精神。

——巴斯德

枯井裏的老驢

鄉下一位農夫有隻老驢子，這天，老驢子不小心跌進了農夫的枯井。農夫聽到驢子的聲聲哀鳴，看見他的困境，想了很久之後，斷定自己一人救不了老驢，只好請來鄰居，要求大家幫忙，一起把泥土往井裏鏟，打算把老驢悶死，以便讓牠早早脫離不死不活的絕境。

人們開始用力把泥土往井裏鏟，老驢子簡直嚇瘋了，但是當農夫和他的鄰居不斷地把土扔在他身上時，老驢的腦際閃過一線靈光，突然警覺到，每次土堆打到背上，就應該用力抖掉這些土，然後踏著土堆，往上走一步，打定了主意，他便一次又一次地這麼做，不停地喃喃自語來鼓勵自己，「抖下去，爬上來」，不管土堆打在背上有多痛，也無論情勢看起來多麼絕望，這隻老驢就是不讓自己驚慌失措，不知過了多久，這隻筋疲力竭傷痕累累的驢，終於跳過了井牆，安全地回到地上。原來會毀掉他的泥土堆，竟然變成他的救星！

這一切的改變，來自老驢面對因難時所抱持的態度。

大哲理：就如驢子的情況，在生命的旅程中，有時候我們難免會陷入「枯井」裏，會被各式各樣的「泥沙」傾倒在我們身上，想要從這些「枯井」脫困的秘訣就是：將「泥沙」抖落，然後站到上面去！人生必須渡過逆流，才能走向更高的層次，最重要的是永遠看得起自己。

卡耐基曾經說過，生命如果是一盤棋局的話，成功不是將贏局玩成贏局，而是將輸局玩成贏局。的確，將原本好的形勢堅持到最後並不是什麼本事。重要的是面對困難、逆境時的態度。

任何事物都有兩面。故事裏，對於驢子來說，泥土本來是用來埋葬他的，可是從反面看來，泥土也是使他回到地面的原因。因此，人在遭遇困境時，首先不能甘心屈服於它，相反地，應該學會化解困境，能夠將劣勢扭轉成優勢，才可以開拓寬廣的人生。

採訪大法官

鍾斯大學畢業後，如願考入當地的《明星報》擔任記者。這天，他的上司交給他一個任務：採訪大法官布蘭代斯。

第一次接到重要任務，鍾斯不是欣喜若狂，而是愁眉苦臉。他想：自己任職的報紙又不是當地的一流大報，自己也只是一名剛剛出道、名不見經傳的小記者，大法官布蘭代斯怎麼會接受他的採訪呢？同事史蒂芬獲悉他的苦惱後，拍拍他的肩膀，說：「我很理解你的心情。讓我來打個比方，這就好比躲在陰暗的房子裏，然後想像外面的陽光有多麼的熾烈。事實上，最簡單有效的辦法就是往外跨出第一步。」

史蒂芬拿起鍾斯桌上的電話，查詢布蘭代斯的辦公室電話。很快地，他與大法官的秘書取得聯繫。接下來，史蒂芬直截了當地道出了他的要求：「我是《明星報》新聞部記者鍾斯，我奉命訪問法官，不知他今天能否接見我呢？」旁邊的鍾斯嚇了一跳。

史蒂芬一邊接電話，一邊不忘抽空向目瞪口呆的鍾斯扮個鬼臉。接著，鍾斯聽到了他的答話：「謝謝你！明天一點十五分，我準時到。」

「瞧，直接向人說出你的想法，不就管用了嗎？」史蒂芬向鍾斯揚揚話筒，「明天下午一點十五分，你的約會定好了。」一直在旁邊看著整個過程的鍾斯面色放緩，似有所悟。

多年以後，昔日羞怯的鍾斯已成爲了《明星報》的台柱記者。回顧此事，他仍覺得刻骨銘心：「從那時起，我學會了單刀直入的辦法，做來不易，但很有用。而且，第一次克服了心中的畏怯，下一次就容易多了。」

大哲理：與其躲在陰暗的屋子裏，想像外面的陽光多熾熱，不如走出房間去感受一下。它只是讓你感到溫暖，並非能刺傷你的眼睛。別在想像中把你的困難放大！

瑞典的法國建築

十九世紀時有一位瑞典青年，家境很不好，窮困得連肚子都填不飽，更別提入學受教育了。青年雖然在這種環境之下成長，但是絲毫不氣餒，一有多餘的時間就自學，因此學習了許多關於建築和化工方面的知識。他決心要用自己的所學改變自己的命運。

後來，青年憑著所學的知識，進入建築公司做起了小助理。他積極努力地工作，因爲表現出色，先後協助了一些著名建築師的工作，在這段時間裏，他累積了許多寶貴的經驗和知識，再加上潛在的天分，逐漸在建築界小有名氣，爲許多人所肯定。但是，由於他沒有好的學歷和出身背景，所以不管他再怎麼努力，也無法進入上流社會，成爲地位崇高、有名望的建築師。看到無法實現願望，青年因此鬱鬱終日。

有一天，他在街上遠遠地見到一群侍衛，簇擁著瑞典國王查理四世出訪，他情不自禁地想：「如果我有國王這樣的機遇就好了。」

查理四世原來是個法國人，曾是拿破崙身邊的元帥，由於他的卓越才能爲老瑞典國王所賞識。因此在臨終之前收他爲義子，要他統治瑞典。

查理四世不負老瑞典王的厚望，將瑞典治理得井井有條。

但是，要怎麼樣才能引起國王的注意呢？青年動起了腦筋。

「如果我能建造出很特殊的建築物，來吸引國王，那就好了！」青年的眼睛一亮，「對呀！國王原來是法國人，如果我在瑞典建造一座類似法國凱旋門的建築物，一定能引起他的注意。」

有了這個想法，於是青年四處奔走，爭取到幾位過去有生意往來的企業家的支持，不久之後就在一座瑞典小城內，蓋起了一座抓住了法國凱旋門神韻的建築物。一天，國王經過小城，看到這個建築物時，驚訝得說不出話來，睹物思情，緬懷過往，引了他許多的感慨。

事後國王特別召見青年，誇讚他的建築技術。

受到國王讚賞的青年，忽然之間聲名大噪，各種媒體爭相報導有關他和他的建築作品，他被大家奉爲天才。從此，他不但擠進了上流社會，更一躍成爲瑞典建築界的大師，身價百倍。

大哲理：要想改變自己的命運，只能靠自己的雙手，靠自己不懈的奮鬥！路是自己走出來的，只要有心，沒有什麼困難不可以克服。有志者事竟成！

大海裏的船

英國勞埃德保險公司曾從拍賣市場買下一艘船，這艘船一八九四年下水，在大西洋上曾一百三十八次遭遇冰山，一百一十六次觸礁，十三次起火，二百零七次被風暴扭斷桅杆，然而它從沒有沉沒過。

勞埃德保險公司基於它不可思議的經歷，以及在保費方面所帶來的可觀收益，最後決定把它從荷蘭買回來捐給國家。現在這艘船就停泊在英國薩倫港的國家船舶博物館裏。

不過，使這艘船名揚天下的，卻是一名來此觀光的律師。當時，他剛打輸了一場官司，委託人也於不久前自殺了。儘管這不是他的第一次失敗辯護，也不是他遇到的第一例自殺事件，然而，每當遇到這樣的事情，他總有一種負罪感。他不知該怎樣安慰這些在生意場上遭受了不幸的人。

當他在薩倫船舶博物館看到這艘船時，忽然有一種想法，爲什麼不讓他們來參觀這艘船呢?於是，他就把這艘船的歷史抄下來，並將這艘船的照片掛在他的律師事務所裏，每當商界的委託人請他辯護，無論輸贏，他都建議他們去看看這艘船。

大哲理：在大海上航行的船沒有不帶傷的。雖然屢遭挫折，卻能夠堅強地、百折不撓地挺住，這就是成功的秘密。

眞正的男子氣概

一位父親很爲他的孩子苦惱。因爲他的兒子已經十五、六歲了，可是一點男子氣概都沒有。於是，父親去拜訪禪師，請他訓練自己的孩子。

禪師說：你把孩子留在我這邊，三個月以後，我一定可以把他訓練成眞正的男人。不過，這三個月裏面，你不可以來看他。父親同意了

三個月後，父親來接孩子。禪師安排孩子和一個空手道教練進行一場比賽，以展示這三個月的訓練成果。

教練一出手，孩子便應聲倒地。他站起來繼續迎接挑戰，但馬上又被打倒，他卻又站起來……，就這樣來來回回一共十六次。

禪師問父親：你覺得你孩子的表現夠不夠男子氣概？

父親說：我簡直羞愧死了！想不到我送他來這裏受訓三個月，看到的結果是他這麼不經打，被人一打就倒。

禪師說：我很遺憾你只看到表面的勝負。你有沒有看到你兒子那種倒下去立刻又站起來的勇氣和毅力呢？這才是眞正的男子氣概啊！

大哲理：不斷地倒下，再不斷地爬起，正是在這種磕磕碰碰中我們成長了。故事中男子漢的氣概，並不是表現在我們跌倒的次數比別人少，而是在於，每次跌倒後，我們都有爬起來再次面對困難的勇氣，以及不達目的、誓不甘休的毅力。

鷹和百靈

練飛的鷹和學唱歌的百靈，有次偶然相遇。百靈關切地問道：「鷹，你聽到過烏鴉、斑鳩等鳥兒對你的議論了嗎？」

「沒有。」鷹搖搖頭，「我很少留心這個。」

「他們說你飛得太高，衝得過快，只想出風頭。」

「哦，原來是說這個！」

鷹笑笑說：「我有一天偶然聽見他們提到你，說你唱得妖聲怪氣的，到處嘩眾取寵……」

「那這樣吧，你飛低飛慢些，我也少唱些算了。」百靈難過地提議道。

「不，恰恰相反！」鷹大聲道，「如果因烏鴉、斑鳩的這類話而畏縮不前，我們就別想有出息了！」

鷹說完，一振翅飛入了藍天，比往時飛得更矯健更迅疾。百靈受到鼓舞，他深深地吸了一口氣，又動情地唱起一支新曲來。歌聲悠揚悅耳，連從上空掠過的鷹聽了，也止不住發出喝采聲。

大哲理：走自己的路，讓別人去說吧！不要讓別人的流言蜚語，阻礙了你前進的步伐，勇往直前地爲自己的理想而奮鬥，才是最重要的！

賊

有一位青年畫家，還沒成名之前，住在一間狹小的小房子裏，靠畫人像維生。一天，一位富人經過，看他的畫工細緻，很喜歡，便請他幫忙畫一幅人像。雙方約好酬勞是一萬元。

一個星期後，人像完成了，富人依約前來拿畫。這時富人心裏起了歹念，欺負他年輕又未成名，不肯按照原先的約定給付酬勞金。富人心中想著：「畫中的人像是我，這幅畫如果我不買，那麼，絕沒有人會買。我又何必花那麼多錢來買呢？」

於是富人賴帳，他說只願花三千元買這幅畫。青年畫家傻住了，他從來沒碰過這種事，心裏有點慌，費了許多唇舌，向富人據理力爭，希望富人能遵守約定，做個有信用的人。

「我只能花三千元買這幅畫，你別再囉嗦了。」富人認爲他居上風，「最後，我問你一句：三千元，賣不賣？」

青年畫家知道富人故意賴帳，心中憤憤不平，他以堅定的語氣說：「不賣。我寧可不賣這幅畫，也不願受你的屈辱。今天你失信毀約，將來一定要你付出二十倍的代價。」

「笑話，二十倍，是二十萬耶！我才不會笨得花二十萬買這幅畫。」富人說道。

「那麼，我們等著瞧好了。」青年畫家對悻悻然離去的富人說。

經過這個事件的刺激後，畫家搬離了這個傷心地，重新拜師學藝，日夜苦練。皇天不負苦心人，十幾年後，他終於闖出了一片天地，成為一位知名的人物。而那個富人呢？自從離開畫室後，第二天就把畫家的畫和話淡忘了。

直到那一天，富人的好幾位朋友不約而同地來告訴他：「好友！有一件事好奇怪喔！這些天我們去參觀一位成名藝術家的畫展，其中有一幅畫不二價，畫中的人物竟然跟你長得一模一樣！定價二十萬元。好笑的是，這幅畫的標題竟然是──《賊》。」

好像被人當頭棒喝般，富人想起了十多年前畫家的事。這件事對自己的傷害太大了，他立刻連夜趕去找青年畫家，向他道歉，並且花了二十萬元買回那幅人像畫。青年憑著一股不服輸的志氣，讓富人低了頭。

大哲理：讓人立志的故事不少，這個故事也不例外，但我覺得也許還可以推演出更深的涵義：這個世界沒有人可以眞正羞辱自己，倘若你並不接受這份屈辱，並以此爲契機奮進自強的話，眞的沒有人能傷害到你的內心，所以，凡事皆有兩面，端看你的態度。

勇於冒險

對於那些害怕危險的人，危險無處不在。

有一天，龍蝦與寄居蟹在深海中相遇，寄居蟹看見龍蝦正把自己的硬殼脫掉，只露出嬌嫩的身軀。寄居蟹非常緊張地說：「龍蝦，你怎可以把唯一保護自己身軀的硬殼也放棄呢？難道你不怕有大魚一口把你吃掉嗎？以你現在的情況來看，連急流也會把你沖到岩石去，到時你不死才怪呢！」

龍蝦氣定神閒地回答：「謝謝你的關心，但是你不瞭解，我們龍蝦每次成長，都必須先脫掉舊殼，才能生長出更堅固的外殼，現在面對的危險，只是爲了將來發展得更好而做出準備。」

寄居蟹細心思量一下，自己整天只找可以避居的地方，從沒有想過如何令自己成長得更強壯，整天只活在別人的護蔭之下，難怪永遠都限制了自己的發展。

大哲理：每個人都有一定的安全區，你想跨越自己目前的成就，請不要劃地自限，勇於接受挑戰，充實自我，你一定會發展得比想像中更好。

給自己一片懸崖

約翰剛到澳大利亞留學的時候，爲了尋找一份能夠糊口的工作，他騎著一輛老舊的自行車，沿著環澳公路走了數日，替人放羊、割草、收莊稼、洗碗……，只要給他一口飯吃，他就會暫且停下疲憊的腳步。

一天，在唐人街一家餐館打工的約翰，看見報紙上刊出了澳洲電訊公司的招聘啓事。約翰擔心自己的英語不流利，專業知識不足，他就選擇了線路監控員的職位去應聘。過五關斬六將，眼看他就要得到那個職位了，沒想到招聘主管卻出人意料地問他：「你有車嗎？你會開車嗎？這份工作須時常外出，沒有車寸步難行。」

澳大利亞公民普遍擁有私家車，無車者寥若星辰，可是約翰初來乍到還屬無車族。爲了爭取這個極具誘惑力的工作，他不假思索地回答：「有！會！」

「四天後，開著你的車來上班。」主管說。

四天之內要買車、學車談何容易，但爲了生存，約翰豁出去了。他從朋友那裏借了錢，從中古車市場買了一輛外表醜陋的「金龜車」。第一天，他向朋友學習簡單的駕駛技術；第二天，在朋友屋後的那塊大草坪上模擬練習；第三天，歪歪斜斜地開著車上了

公路；第四天，他居然駕車去公司報到了。時至今日，約翰已是澳洲電訊的業務主管了。

大哲理：當人斬斷了自己的退路，讓自己置身於命運的懸崖絕壁之上時，才會集中精力奮勇向前，從生活中爭得屬於自己的位置。給自己一片沒有退路的懸崖，從某種意義上說，是給自己一個向生命高地衝鋒的機會。

扶樹與扶人

漢森做生意失敗了，但是他仍然極力維持原有的排場，惟恐別人看出他的失意。宴會時，他租用轎車去迎接賓客，並請了兩位臨時女傭，佳餚一道道地端上，他以嚴厲的眼光制止自己已久不知肉味的孩子搶菜。雖然前一瓶酒尚未喝完，但他已打開櫃中最後一瓶XO。但是當那些心裏有數的客人酒足飯飽，告辭離去時，每一個人都熱烈地致謝，並露出同情的眼光，卻沒有一個人主動提出幫助。

漢森徹底失望了，他百思不解，一個人行走街頭，突然看見許多工人在扶正那被颱風吹倒的行道樹，工人總是先把樹的枝葉鋸掉，使得重量減輕，再將樹推正。

漢森頓然領悟了，他放棄舊有的排場和死要面子的毛病，重新自小本生意做起，並以低姿態去拜望以前商界的老友；每個人知道他在做小生意時，都儘量給予方便，購買他的東西，並推介給其他的公司。沒有幾年，他又在商場上站立了起來。他始終記得鋸樹工人的一句話：「倒了的樹，如果繼續想維持原有的枝葉，怎麼可能扶得動？」

大哲理：放低姿態，才能得到幫助。要想別人幫忙拉一把，也得讓別人幫得起。失敗並不可怕，最可悲的是不願意承認失敗。

失敗了，從頭來起，明天又是一個豔陽天。

迎向風雨

有幾個大學生登山迷途喪生了，有人因此訪問登山專家。其中一個問題是：「如果我們在半山腰突然遇到大雨，應該怎麼辦？」

登山專家說：「你應該向山頂走。」

「爲什麼不往山下跑？山頂風雨不是更大嗎？」人們懷疑地問。

「往山頂走，固然風雨可能更大，卻不足以威脅你的生命。至於向山下跑，看來風雨小些，似乎比較安全，但卻可能遇到暴發的山洪而被活活淹死。」專家嚴肅地說；「對於風雨，逃避它，你只有被捲入洪流；迎向它，你卻能獲得生存！」

大哲理：除了登山，在人生的戰場上，不也是如此嗎？黎明的第一線陽光如果也躲避黑暗，那麼將永遠不會有光明。

鋼玻璃杯的故事

有一個農民，國中只讀了兩年，家裏就沒錢繼續供他上學了。他輟學回家，幫父親耕種三畝薄田。在他十九歲時，父親去世了，家庭的重擔全部壓在了他的肩上。他要照顧身體不好的母親，還有一位癱瘓在床的祖母。

八〇年代，農田承包到戶。他把一塊水窪挖成池塘，想養魚。但鄉里的人告訴他，水田不能養魚，只能種莊稼，他只好有把水塘填平。這件事成了一個笑話，在別人的眼裏，他是一個想發財但又非常愚蠢的人。

聽說養雞能賺錢，他向親戚借了五百元，養起了雞。但是一場洪水後，雞得了雞瘟，幾天內全部死光。五百元對別人來說可能不算什麼，但對一個只靠三畝薄田生活的家庭而言，就如同天文數字。他的母親受不了這個刺激，竟然憂鬱而死。

他後來甚至釀過酒、捕過魚……，可都沒有賺到錢。

三十五歲的時候，他還沒有娶到老婆。即使是離異的有孩子的女人也看不上他。因爲他只有一間土屋，隨時有可能在一場大雨後倒塌。娶不到老婆的男人，在農村裏是沒有人看得起的。

但他還想搏一搏，就四處借錢買一輛手扶拖拉機。不料，上路不到半個月，這輛拖拉機就載著他衝入一條河裏。他斷了一條腿，成了瘸子。而那輛拖拉機被人撈起來時，已經支離破碎，他只能拆開它，當作廢鐵賣。

幾乎所有的人都說他這輩子完了。但是後來他卻成了我所在的這個城市裏的一家公司的老總，手中有兩億元的資產。現在，許多人都知道他苦難的過去，和富有傳奇色彩的創業經歷。許多媒體採訪過他，許多報導文學描述過他。但我只記得這樣一個情節，記者問他：「在苦難的日子裏，你憑什麼一次又一次毫不退縮？」

他坐在寬大豪華的座椅上，喝完了手裏的一杯水。然後，他把玻璃杯握在手裏，反問記者：「如果我鬆手，這只杯子會怎樣？」

記者說：「摔在地上，碎了。」

「那我們試試看。他說。」

他手一鬆，杯子掉到地上，發出清脆的聲音，但並沒有破碎，而是完好無損。他說：「即使有十個人在場，他們都會認爲這只杯子必碎無疑。但是，這只杯子不是普通的玻璃杯，而是用玻璃鋼製作的。」

於是，我記住了這段經典絕妙的對話。這樣的人，即使只有一口氣，他也會努力去拉住成功的手，除非上蒼剝奪了他的生命……

大哲理：人生並非一帆風順。真正的成功是那些在跌倒後能一次一次爬起來，在苦難中毫不退縮、不言放棄的人。就像玻璃鋼杯，哪怕摔得再多，它還是能一次一次以自己的完好證明著自己的韌性。

不倒翁並非不倒，只是它在倒了之後會重新站立！

天下第一關

明朝萬曆年間，中國北方的女眞爲患。皇帝爲了要抗禦強敵，決心整修萬里長城。當時號稱天下第一關的山海關，卻早已年久失修，其中「天下第一關」的題字中的「一」字，已經脫落多時。萬曆皇帝募集各地書法名家，希望回復山海關的本來面貌。各地名士聞訊，紛紛前來揮毫，但是依舊沒有一個人的字能夠表達天下第一關的原味。皇帝於是再下昭告，只要能夠雀屏中選的，就能夠獲得最大的重賞。經過嚴格的篩選，最後中選的，竟是山海關旁一家客棧的店小二，眞是跌破大家的眼鏡。

在題字當天，會場被擠得水泄不通，官家也早就備妥了筆墨紙硯，等後店小二前來揮毫。只見主角抬頭看著山海關的牌樓，捨棄了狼豪大筆不用，拿起一塊抹布往硯臺裏一沾，大喝一聲：「一」，十分乾淨俐落，立刻出現絕妙的一字。旁觀者莫不給予驚歎的掌聲。有人好奇地問他：爲何能夠如此成功的秘訣。他被問之後，久久無法回答。後來勉強答道：其實，我想不出有什麼秘訣，我只是在這裏當了三十多年的店小二，每當我在擦桌子時，我就望著牌樓上的「一」字，一揮一擦就這樣而已。

原來這位店小二的工作地點，正好面對山海關的城門，每當他彎下腰，拿起抹布清理桌上的油污之際，視角正好對準「天下第一關」的一字。因此，他不由自主地天天看、天天擦，數十年如一日，久而久之，就熟能生巧、巧而精通，這就是他能夠把這個「一」字臨摹到爐火純青、惟妙惟肖的原因。

大哲理：成功是沒有絲毫取巧可言的。數十年如一日的練習，才達到了「一」的爐火純青；也只有不輟的攀登，我們才可能達到「一覽眾山小」的境界！

小錘捶動大鐵球

一位著名的推銷大師，在一生中取得了輝煌的成就，因爲年齡大了，他即將告別自己的職業生涯，應人們的邀請，他將做一場演說。

這天，會場上座無虛席，人們在熱切地、焦急地等待著。大幕徐徐拉開，舞臺的正中央吊著一個巨大的鐵球。爲了這個鐵球，臺上搭起了高大的鐵架。一位老者在熱烈的掌聲中走了出來，站在鐵架的一邊。他穿著一件紅色的運動服，腳下是一雙白色膠鞋。

人們驚奇地望著他，不知道他要做出什麼舉動。兩位工作人員抬著一個大鐵錘，放在老者的面前。主持人邀請兩位身材壯碩的聽眾到臺上來，推銷大師請他們用大鐵錘去敲打那個吊著的鐵球，直到使它擺盪起來。

年輕人掄起大錘，奮力向那吊著的鐵球砸去，一聲震耳的響聲後，吊球動也沒動。他用大鐵錘接二連三地砸向吊球，很快地就氣喘吁吁，但還是未能將鐵球打動。

會場寂靜無聲，這時，推銷大師從上衣口袋裏掏出一個小錘，然後開始認眞地面對著那個巨大的鐵球敲打。他用小錘對著鐵球「咚」地敲了一下，然後停頓一下，再用小錘敲一下。

人們奇怪地看著，老人就那樣「咚」地敲一下，然後停頓一下，就這樣持續地做。十分鐘過去了，二十分鐘過去了，三十分鐘過去了，會場早已開始騷動，人們用各種聲音和動作發洩著自己的不滿。老人仍然用小錘不停地敲著，彷彿根本沒有看見人們的反應。許多人憤然離去，會場上到處是空著的座位。

四十分鐘後，坐在前排的人突然叫道：「球動了！」

霎時間，會場又變得鴉雀無聲，人們聚精會神地看著那個鐵球。那個球以很小的幅度擺動了起來，不仔細看很難察覺。大師仍舊一小錘一小錘地敲著，人們默默地聽著小錘敲打吊球的聲響。

吊球在大師一錘一錘地敲打中越盪越高，它拉動著那個鐵架子，叮噹作響，它的巨大威力強烈地震撼著在場的每一個人。年輕人用大錘也沒有打動的鐵球，在大師小錘地敲打中，卻劇烈地擺盪起來，終於，場上爆發出一陣陣熱烈的掌聲。

大哲理：堅持做一件事情很難，因爲在剛開始的收效甚微，往往容易動搖我們的信念。這時候我們需要爲自己打氣，告訴自己不要放棄。很多看起來不可能的事情，就是在這樣一種堅持中變成可能的。

克爾的堅持

克爾曾經是一家報社的職員。他剛到報社當廣告業務員時，對自己很有信心，他向經理提出不要薪水，只按廣告費抽取傭金。經理答應了他的請求。

於是，他列出一份名單，準備去拜訪一些很特別的客戶。公司裏的業務員都認爲那些客戶是不可能與他們合作的。

在去拜訪這些客戶前，克爾把自己關在屋裏，站在鏡子前，把名單上的客戶念了十遍，然後對自己說：「在本月之前，你們將向我購買廣告版面。」

他懷著堅定的信心去拜訪客戶，第一天，他和二十個「不可能的」客戶中的三個談成了交易；在第一個星期的另外幾天，他又成交了兩筆交易；到第一個月的月底，二十個客戶中只有一個還不買他的廣告。

在第二個月裏，克爾沒有去拜訪新客戶，每天早晨，他都去拜訪那位拒絕買他廣告的客戶。而每天早晨，這位客戶總是回答他：「不！」

每一次，當這位客戶說「不」時，克爾就假裝沒聽到，繼續前去拜訪。到了那個月的最後一天，對克爾已經連說了三十天「不」的商人說：「你已經浪費了一個月的時間來請求我買你的廣告，我現在想知道的是，你爲何要堅持這樣做。」

克爾說：「我並沒浪費時間，我等於在上學，而你就是我的老師，我一直在訓練自己在逆境中的堅持精神。」

那位商人點點頭，接著克爾的話說：「我也要向你承認，我也等於在上學，而你就是我的老師。你已經教會了我『堅持到底』這一課，對我來說，這比金錢更有價值，爲了向你表示我的感激，我要買你的一個廣告版面，當作我付給你的學費。」

大哲理：堅持到底，並不像說起來那麼簡單！它需要我們對自己所選擇的信心，需要一步一步走的耐心，也需要面對困難時毫不退縮的勇氣。

死神也怕咬緊牙關

那個令人驚心動魄的故事是這樣的：

羅伯特和妻子瑪麗終於攀登到山頂，站在山頂上眺望，遠處城市中白色的樓群在陽光下變成了一幅畫。仰頭，藍天白雲，柔風輕吹，兩個人高興得像孩子，手舞足蹈，忘乎所以。對於終日忙碌的兩人，這眞是一次難得的旅行。

悲劇正是從這個時候開始。羅伯特一腳踩空，高大的身軀打了個趔起，隨即向萬丈深淵滑去。短短的一瞬間，瑪麗就明白發生什麼事情，下意識地，她一口咬住丈夫的上衣。當時她正蹲在地上拍攝遠處的風景。同時，她也被慣性帶向岩邊，倉促之間，她抱住了一棵樹。

羅伯特懸在空中，瑪麗牙關緊咬。你能相信嗎？兩排潔白細碎的牙齒承擔了一個高大魁梧軀體的全部重量。

他們像一幅畫，定格在藍天白雲大山峭石之間。瑪麗的長髮像一面旗幟，在風中飄揚。

瑪麗不能張口不能呼救。一個小時後，過往的遊客救了他們。

而這時的瑪麗，美麗的牙齒和嘴唇早被血染得鮮紅。

有人問瑪麗，如何能支撐那麼長的時間，瑪麗回答：「當時，我腦海裏只有一個念頭：我一鬆口，羅伯特肯定會死。」

幾天之後，這個故事像長了翅膀，飛遍了世界各地。

人們發現，死神也怕咬緊牙關。

大哲理：這是一個奇蹟，而我們也明白這個奇蹟背後的事實，絕對不是兩排細潔細碎的牙齒，確實可以承擔一個高大魁梧軀體的全部重量，而是在於瑪麗的咬緊牙關，在於咬緊牙關的那股堅持的信念。當我們遭遇困難，感到我們再也無法承擔時，想想這個故事，不要放棄自己的追求，我們也能創造另外一個奇蹟。

下一次就是你

有一個女孩對足球十分癡迷，一個偶然的機會，她被父親送到了體育學校踢足球。在學校中，女孩並不是一個很出色的球員，因爲此前她並沒有受過正規的訓練，踢球的動作和感覺，都比不上先入校的隊友。女孩上場訓練踢球時，常常受到隊友們的奚落，女孩爲此情緒一度很低落。

每個隊員踢足球的目標，就是進職業隊成爲主力球員。這時，職業隊也經常去體校挑選後備力量，每次選人，女孩都賣力地踢球，然而終場哨響，女孩總是沒有被選中，而她的隊友已經有不少人陸續進了職業隊，沒選中的也有人悄悄離隊。於是，平時訓練最刻苦認眞的女孩，便去找一直對她讚賞有加的教練，教練總是很委婉地說：「名額不夠，下一次就是妳。」天眞的女孩似乎看到了希望，樹立了信心，又努力地持續練習著。

一年之後，女孩仍沒有被選上，她實在沒有信心再練下去，她認爲自己雖然場上意識不錯，但個頭太矮，又是半路出家，再加上每次選人時，她都迫切希望被選上，因此上場後就顯得緊張，導致平時訓練水平發揮不出來。她爲自己在足球道路上黯淡的前程感到迷茫，就有了離開體校放棄踢球生涯的打算。

這天，她沒有參加訓練，而是告訴教練說：「看來我不適合踢足球了，我想讀書，想考大學。」教練見女孩去意已決，默默地看著她，什麼也沒說。然而，第二天女孩卻收到了職業隊的錄取通知書。她激動不已地立刻前去報到。其實，她骨子裏還是喜歡著足球。女孩這次很高興地跑去找教練，她發現教練的眼中與她一樣閃爍著喜悅的光芒。教練這次開口說話了：「孩子，以前我總說下一次就是妳，其實那句話不是眞的，我是不想打擊妳而告訴妳說妳的球藝還不精，我是希望妳一直努力下去啊！」女孩一下子什麼都明白了。

在職業隊受到良好的實戰訓練後，女孩充滿信心，她很快便脫穎而出。她就是獲得二十世紀世界最佳女子足球運動員的球星孫雯。

後來，孫雯講述這段往事時，感慨地說：「一個人在人生低谷中徘徊，感覺自己支持不下去的時候，其實就是黎明的前夜，只要你堅持一下，再堅持一下，前面肯定是一道亮麗的彩虹。」

大哲理：走了那麼遠，目標感覺還是遙遙無期。有人選擇了放棄，有人選擇了堅持。放棄的人也許能找到另一條通向成功的路，但不可否認地，他同時放棄的還有最初的選擇；堅持的人也許還要進行長途跋涉，但也許他會發現，其實目標就近在咫尺。

其實，往往在我們想放棄的時候，我們需要的只是再邁出一步而已。

命運的門鈴

有一個性子特別急的年輕人去拜訪一位朋友，他來到朋友樓下，按響了朋友家的門鈴。

門鈴響了兩聲，裏面沒有動靜，他等不及了，就返身回家。

剛剛走了幾步，他又覺得這樣回去不甘心，於是又返回來重新按了門鈴。

這一次他還是沒有耐心，門鈴只響了兩下，他又等不及了。但是走了幾步，他又返回來了。

這次他剛把門鈴按響，還沒反應過來是怎麼回事，就覺得一陣冰涼，因爲他渾身上下被冷水澆了個透！

原來朋友一直在家，幾次來開門，外面都沒有動靜，他懷疑有人搗亂，就從樓上向下面潑了一瓢冷水，作爲報復。

這樣去按朋友的門鈴，會被潑一瓢冷水，那麼按命運的門鈴，又怎能不被命運澆一瓢冷水呢？

大哲理：打開我們人生道路的每一扇門，都是需要我們的堅持與付出的。輕易放棄，命運也會放棄你；堅持不懈，命運才能對我們垂青。

一生磨一鏡

在荷蘭，有一個剛剛國中畢業的青年來到一個小鎮，找到了一份替鎮政府看門的工作。隨後，他在這個門衛的崗位上一直工作了六十多年，他一生中，從來沒有離開過這個小鎮。

也許是工作太清閒，他又太年輕，他得打發時間。他選擇了既費時又費工的打磨鏡片，作爲自己的業餘愛好。就這樣，他磨呀磨，一磨就是六十年。他是那樣的專注和細緻，鍥而不捨，他的技術已經超過專業技師了，他磨出的複合式鏡片的放大倍數，比他們的都要高。藉著自己研磨的鏡片，他終於發現了當時科技尚未知曉的另一個廣闊的世界——微生物世界。從此他聲名大振，只有國中程度的他，被授予了看似高深莫測的「巴黎科學院士」的頭銜。就連英國女王都到小鎮拜會過他。

創造這個奇蹟的小人物，就是科學史上鼎鼎大名的、活了九十歲的荷蘭科學家萬·列文虎克。他老老實實地把手中的每一個玻璃片磨好，用盡畢生的心血，致力於每個平淡無奇的細節，終於在細節裏看到了他的上帝，科學也在他的細節裏，看到了自己更廣闊的前景。

大哲理：認眞做好手邊的事，不要好高鶩遠。成功往往是在我們專注、細緻和鍥而不捨的點點滴滴中積累而成的！

三千片口香糖

一個即將畢業的美術系的學生，和其他的同學一樣，正爲將要做什麼畢業考試的作品而日思夜想，愁眉不展。

他不斷地推翻自己的設想，因爲他所能想到的，別人都已做過了，看來他只能以創意平平、成績平平勉強通過考試了。但他是個要強的人，心有不甘。

不停地嚼著口香糖，焦灼讓他瘋狂地、一塊接一塊地嚼。而正是這些口香糖，讓他突發奇想：做一件很有創意的畢業作品——口香糖雕塑。他決定用口香糖做一件許多年以前已在地球上絕跡了的大鳥的雕塑。

他爲自己的創意而興奮，立即把嚼過的口香糖，根據自己的設計模型，一塊塊黏起來，以前爲壓制菸癮而嚼口香糖的麻木，變成了一種目標明確後的激動與急切，他開始大嚼特嚼口香糖，從以前的一天幾片，到後來的一天幾十片，甚至上百片，直嚼得下顎酸楚、牙齒出血，疼得眼淚直流，因爲一塊口香糖至少要嚼到一定程度，才會有足夠的柔韌與黏度。

同學與朋友們知道了他的創意後，紛紛買來口香糖作爲禮物送給他。

三個月過去了，共用三千塊嘔心瀝血、千咀百嚼的口香糖做成的雕塑，如期完成，不僅爲他贏得了第一名的好成績，而且使他一舉成名。

大哲理：眞正的成功不是輕易得到的，它需要機遇，需要激情，需要鍥而不捨的奮鬥，而這些都需要成功者的專注與認眞，成功的獲得不是僥倖而來的。

百合花

在一個偏僻遙遠的山谷裏，有一個高達數千尺的斷崖。不知道什麼時候，斷崖邊上長出了一株小小的百合。

百合剛剛萌芽的時候，長得和雜草一模一樣。但是，他心裏知道自己並不是一株野草。他內心深處有一個堅定的念頭：「我是一株百合，不是一株野草。唯一能證明我是百合的方法，就是綻放出美麗的花朵。」有了這個念頭，百合努力地吸收水分和陽光，深深地紮根，直直地挺著胸膛。終於在一個春天的清晨，百合的頂部結出了第一個花苞。

百合的心裏很高興，附近的雜草卻很不屑，他們在私底下嘲笑著百合：「這傢伙明明是一株草，偏說自己是一株花，看來他頂上結的不是花苞，而是頭腦長瘤了。」在公開場合，他們則譏諷百合：「你不要做夢了，即使你真的會開花，在這荒郊野外，你的價值還不是跟我們一樣。」

偶爾也有飛過的蜂蝶鳥雀，他們也會勸百合不用那麼努力開花：「在這斷崖邊上，縱然開出世界上最美的花，也不會有人來欣賞呀！」

百合卻說：「我要開花，是因爲我知道自己有美麗的花；我要開花，是爲了完成作爲一株花的莊嚴生命；我要開花，是由於自己喜歡以花來證明自己的存在。不管有沒有人欣賞，不管你們怎麼看我，我都要開花！」

在野草和蜂蝶的鄙夷下，百合努力地釋放內在的能量。有一天，他終於開花了，他那靈性的白和秀挺的風姿，成爲斷崖上最美麗的風景。這時候，野草與蜂蝶再也不敢嘲笑他了。

百合花一朵一朵地盛開著，花朵上每天都有晶瑩的水珠，野草們以爲那是昨夜的露水，只有百合自己知道，那是因爲深深的喜悅凝成的淚滴。

每年春天，百合努力地開花、結籽。種籽隨著風，落在山谷、草原和懸崖邊，終於，整個山谷都開滿了潔白的百合。

幾十年後，人們千里迢迢來到這個山谷，欣賞百合開花。後來，那裏被人稱爲「百合谷地」。

大哲理：百合花正是憑藉著這樣一種堅持，完成了自己作爲一株花的使命，也證明了自己作爲一株花的存在。它正是要告訴我們：哪怕前途佈滿荊棘，也要勇敢的追逐自己的夢想；哪怕前途一片渺茫，充滿他人的嘲諷與不屑，也要堅定地邁向自己的使命。

讓我們的人生也像那滿山的在微風中搖曳的百合，訴說著那片最美的傳奇！

堅持的缺陷

一艘輪船在海上遇難，有個人在沉船之前很幸運地抱住了一根木頭，並和木頭一起隨波逐流地漂到一個小島上。他滿懷能夠獲救的信心，走遍全島，幾乎把所有能吃的東西都找遍了，並用木頭搭了一個小棚子來儲放他的食物，這些食物足夠他維持一個月的時間，於是他就靜下心來等待過往的船隻。

他每天都登上高處向海上張望，一個星期過去了，可是一艘船的影子也沒看見。一天，他又去張望，忽然天陰了下來，雷電大作。他看見自己的木棚的方向升起了濃煙，急忙跑回去。原來是雷電點燃了木房，大火熊熊地燃燒起來，他希望能趕快降下大雨好把火澆滅，因爲木棚裏有他所有的食物啊！可是，當木棚子化爲灰燼時，一滴雨也沒有下。

沒有了食物，他絕望了，心想這一定是天意，於是心灰意冷地在一棵樹上結束了自己的生命。

就在他停止呼吸後不久，一艘船駛了過來，船上的人來到島上，船長看到灰燼和吊在樹上的屍體，明白了一切，他對船員們說：「這個上吊的人沒有想到，失火後冒出的濃煙會把我們的船引到這裏，其實，只要他再堅持一會兒就會獲救的。」

大哲理：不要輕易的放棄。命運掌握在自己手中，掌握在自己的堅持中。尤其在我們面對厄運、面對困境時，更需要有堅定的信念。告訴自己，沒有堅持到最後的勇氣和行動，我們必敗無疑；有了這份堅持，我們至少會有成功的可能，並因此擁有了獲得成功的希望和實現。

十分鐘成爲鋼琴老師

思雲畢業後，到一所中學教音樂課，她經常聽到一位老師彈〈給愛麗絲〉，在空曠的琴房裏，音質之純美，是家中那架鋼琴根本不能演繹出來的，那種感覺很奇妙。她由衷佩服地問這位老師：「妳好！妳的這首樂曲彈得太好了。請問，妳能這樣熟練地演奏這首曲子，總共花了多長的時間練習？」

這位老師微笑著說：「十分鐘。」思雲一愣，心想她是開玩笑吧！這位老師看出了她的心思，就又笑著說：「是眞的，不過我說的是每天十分鐘。」接著她向思雲說明了她的情況。原來，她是一位國文老師，三年前，一家私人企業捐贈了一架鋼琴，後來一直被放在琴房裏。學校裏的音樂老師嫌學校待遇低，都離開了。於是，她便成了這架鋼琴的保管者。從那時起，她決定學彈鋼琴。每次課間十分鐘，她就衝到琴房裏練習，從最初的音階開始。不過，她只有十分鐘，十分鐘之後，上課鈴一響，她就得停止。

旁邊另一位老師告訴思雲：「一位前來聽課的音樂教師偶爾聽到她彈的那首鋼琴曲，也只聽出了一個音符沒有彈好，其餘的就無懈可擊了，音樂教師認爲那個彈奏者必是科班出身呢！」

思雲佩服之餘，不禁陷入了沉思：十分鐘能做什麼呢？是伸個懶腰喝口茶的時間，是閒聊打趣的時間，但她卻讓一位科班出身的音樂行家失算了。

大哲理：時間就像海綿裏的水，只要我們用力擠，總會有的，哪怕每天十分鐘，也是一筆很大的財富！當我們常常抱怨自己有很多抱負，卻沒有時間去實現時，其實缺少的並不是時間，而是我們對自己的追求不夠執著！

「不以江流，無以成大海！」從一點一滴開始自己的理想吧！

出價

美國的海關裏，有一批沒收的腳踏車，在公告後，決定拍賣。

拍賣會中，每次叫價的時候，總有一個大約十歲的男孩喊價，他總是以「五塊錢」開始出價，然後眼睜睜地看著腳踏車被別人用三十、四十元買去。

拍賣暫停休息時，拍賣員問那個小男孩，爲什麼不出較高的價錢來買。男孩說：「我只有五塊錢。」

拍賣會又開始了，那男孩還是給每輛腳踏車相同的價格，然後又被別人用較高的價格買去。

後來，聚集的觀眾開始注意到那個總是首先出價的男孩，他們也開始察覺到會有什麼結果。

直到最後一刻，拍賣會要結束了。這時，只剩下一輛最棒的腳踏車，車身光亮如新，有多種排檔、十段式變速器、雙向手煞車、速度顯示器和一套夜間電動燈光裝置。

拍賣員問：「有誰出價呢？」

這時，站在最前面，幾乎已經放棄希望的那個小男孩，輕聲地再說一次：「五塊錢。」

拍賣員停止唱價，只是停下來站在那裏。

這時，所有在場的人全部盯住這小男孩，沒有人出聲，沒有人舉手，也沒有人喊價。直到拍賣員唱價三次之後，他大聲說：「這輛腳踏車賣給這位穿著短褲和白球鞋的小夥子！」

此話一出，全場鼓掌。

那小男孩拿出握在手中僅有的五塊錢鈔票，買了那輛毫無疑問是世界上最漂亮的腳踏車時，他臉上流露出從未見過的燦爛笑容。

大哲理：在生活中，我們時時抱著「勝過別人」、「壓過別人」、「超越別人」的競爭心態。這當然是好的，它激勵我們變得更好、更強。但我們是否意識到有一種信念對於成功而言更加重要，那就是「不放棄最後一絲希望」。

生活的比賽往往不能從一開始就見分曉，而是在最後一刻見輸贏，絕不放棄的信念顯得尤爲可貴。

取勝的願望誰都會有，強者和弱者眞正的差別是——誰能夠堅持到最後。

最棒的玉米

一位老婆婆在屋子後面種了一大片玉米。

一根顆粒飽滿的玉米說道：「收穫那天，老婆婆肯定先摘我，因爲我是今年長得最好的玉米！」

可是收穫那天，老婆婆並沒有把它摘走。「明天，明天她一定會把我摘走！」很棒的玉米自我安慰著。

第二天，老婆婆又收走了其他一些玉米，可是唯獨沒有摘下這根玉米。「明天，老婆婆一定會把我摘走！」棒玉米仍然自我安慰著。

可是從那天以後，老婆婆再也沒有來過。直到有一天，玉米絕望了，原來飽滿的顆粒變得乾癟堅硬。整個身體像要炸裂一般，它準備和玉米稈一起爛在地裏了。可是就在這時候，老婆婆來了，一邊摘下它，一邊說：「這可是今年最好的玉米，用它作種籽，明年肯定能種出更棒的玉米！」

也許你一直都很相信自己，但你是否有耐心在絕望的時候再等一下？

大哲理：「在絕望的時候再等一下」，有誰對自己說過這句話呢？人們總是急功近利地要求別人馬上承認自己，殊不知等待的過程也是一種考驗，時間漫長而折磨。它像一個巨篩不斷地搖晃著，可是它也是最公平的，總是把堅定的人留在最後，所以，下次快要堅持不了的時候，在心裏默默對自己說：「再堅持一下！」

貧富的細小差別

愛若和布若差不多同時受僱於一家超級市場，開始時大家都一樣，從最底層做起。可是不久之後，愛若受到總經理的青睞，一再被提升，從領班直到部門經理。布若卻像被人遺忘了一般，還在最底層混。終於有一天，布若忍無可忍，向總經理提出辭呈，並痛斥總經理狗眼看人低，辛勤工作的人得不到提拔，倒提升那些吹牛拍馬的人。

總經理耐心地聽著，他瞭解這個小夥子，工作肯吃苦，但總是覺得他缺少了點什麼。欠缺什麼呢？三言兩語說不清楚，說清楚了他也不服氣。看來……他忽然有了個主意。

「布若，」總經理說，「你馬上到市集上，看看今天賣些什麼。」

布若很快地從市集回來說，剛才市集上只有一個小販拉了一車馬鈴薯在賣。

「一車大約有多少袋，多少斤？」總經理問。

布若又跑去，回來後說有十袋，一百公斤左右。

「價格多少？」總經理繼續問道。

布若再次跑到市集上。總經理望著跑得氣喘吁吁的他，說：「休息一會兒吧，你可以看看愛若是怎麼做的。」說完，叫來愛若，對他說：「愛若，你馬上到市集上，看看今天賣些什麼。」

愛若很快地從市集回來了，彙報說到現在爲止，只有一個小販在賣馬鈴薯，有十袋，價格適中，質量很好，他帶回幾個讓經理看，這個小販過一會兒還會弄幾筐番茄上市，據他來看，價格還算公道，可以進一些貨。這種價格的番茄總經理可能會要，所以他不僅帶回了幾個番茄作爲樣品，而且把那個農民也帶來了，他現在正在外面等回話呢！

總經理看一眼紅著臉的布若，說：「現在你明白爲什麼愛若受到提拔了吧？」

大哲理：同樣的事物，在不同人眼裏往往是不一樣的。成功的人看到的不光只事物本身，他往往能看到這件事物之外的許多東西。這個故事告訴我們，成功並不是因爲你能看到和別人一樣的東西，而是取決於你看到了別人看不到的。這也是貧與富的差別，細小卻不可否認地存在！

漁王的兒子

有個漁人有著一流的捕魚技術，被人們尊稱爲「漁王」。然而「漁王」年老的時候非常苦惱，因爲他的三個兒子的漁技都很平庸。

於是他經常向人訴說心中的苦惱：「我眞不明白，我捕魚的技術這麼好，我的兒子們爲什麼這麼差？我從他們懂事起就傳授捕魚技術給他們，從最基本的東西教起，告訴他們怎樣織網最容易捕捉到魚，怎樣划船最不會驚動魚，怎樣下網最容易請魚入甕。他們長大了，我又教他們怎樣識潮汐、辨魚汛……，凡是我長年辛辛苦苦總結出來的經驗，我都毫無保留地傳授給了他們，可是他們的捕魚技術竟然趕不上技術比我差的漁民的兒子！」

一位路人聽了他的訴說後，問：「你一直都是一招式地教他們嗎？」

「是的，爲了讓他們得到一流的捕魚技術，我教得很仔細、很用心。」

「他們一直都跟隨著你嗎？」

「是的，爲了讓他們少走彎路，我一直讓他們跟著我學。」

路人說：「這樣說來，你的錯誤就很明顯了。你只傳授給他們技術，卻沒傳授給他們教訓，對於才能來說，沒有教訓與沒有經驗一樣，都不能使人成大器！」

大哲理：只有親身經歷，才能刻骨銘心！失敗的教訓往往比成功的經驗，更能教會我們如何去行動。

珍惜的變數

據說日本的一座動物園裏，有一個常年餵養猴子的人，他不是將食物好好地擺在那兒，而是費盡心思地將食物放在一個樹洞裏，讓猴子很難吃到。正因爲吃不到，猴子反而想盡了辦法要去吃。猴子整天爲吃而琢磨，後來終於學會了用樹枝把東西從樹洞裏搆出來。

別人都感到很奇怪，對餵養猴子的人說：「你不該如此餵養猴子。」養猴子的人卻說：「這種食物是很難引起胃口的，平時，你將它擺放在猴子眼前，牠們連看都懶得看，根本不會去吃。你只有用這種辦法去餵牠，讓牠很費勁地搆著吃，牠才會去吃。」

養猴之人從日常生活中發現了一個眞理：只有努力後得到的東西，才是好東西。

大哲理：只有經過自己辛勤地灌溉，在收穫的季節，我們才能體會到果實眞正的甜美！唾手可得的東西，並不是眞正能滿足我們的，讓我們用自己的雙手去創造自己的一片天地吧！

釣魚

美國一位成功人士講過這樣一個故事：

初秋時節的某一天，我第一次從叔叔手裏接過魚竿，跟著他穿過樹林去釣魚。多年的垂釣經歷，使叔叔深諳何處小魚最多，他特意將我安排在最有利的位置上。我模仿別人釣魚的樣子，甩出釣魚線，宛若青蛙跳動似的，在水面疾速地抖動魚鉤上的誘餌，眼巴巴地等候著魚兒上鉤。好一陣子什麼動靜也沒有，我不免有些失望。

「再試試看。」叔叔鼓勵我道。

忽然間，誘餌消失得無影無蹤了。

「這回好啦，」我暗忖，「總算來了一條魚。」我趕緊猛地一拉魚竿，豈料扯出的卻是一團水草。

我一次又一次地揮動發酸的手臂，把釣線扔出去，但拉出水面時卻總是空空如也。我望著叔叔，臉上露出懇求的神色。

「再試一遍，」他若無其事地說，「釣魚人得有耐心才行。」

突然間，好像有什麼東西在拽我的釣線，旋即一下子將它拖入了深水之中。我連忙往上一拉魚竿，立刻看到一條逗人愛的小魚在璀璨的陽光下活蹦亂跳。

「叔叔！」我掉轉頭，欣喜若狂地喊道，「我釣到了一條魚！」

「還沒有哩。」叔叔慢條斯理地說。他的話音未落，只見那條驚恐萬狀的小魚鱗光一閃，如箭一般地射向了河心。

釣線上的魚鉤不見了。我功虧一簣，眼看快到手的捕獲物又失去了。

我感到分外傷心，滿臉沮喪地一屁股坐在地上。叔叔重新替我縛上魚鉤，安上誘餌，又把魚竿塞到我手裏，叫我再碰一碰運氣。

「記住，小傢伙，」他微笑著，意味深長地說，「在魚兒尚未被拽上岸之前，千萬別吹噓你釣住了魚。我曾不止一次看見大人們在很多場合下都像你這樣，結果做了蠢事。事情未辦成之前就自吹自擂，一點用處也沒有；縱然辦成了，也毋需自誇，這不是明擺著的嗎？」

大哲理：事情未辦成之前的誇噓，對事情的成功是有害無利的，因爲成功不是誇耀出來的，而是做出來的。

小老虎種花

有一隻小老虎，時時刻刻都想做出一番大事業，以便有本錢獲得百獸們的尊重和崇拜。但他整天遊手好閒，不做任何事，只是想著要如何才能出人頭地，惹得百獸們背地裏都叫他「空想家」。

後來，小老虎閒逛到山腳下的老山羊家，老山羊見他成天不做事，忍不住就教訓了他幾句。

小老虎說：「我不是不想做事，而是想做大事，因爲我要出人頭地，可是一直找不到出人頭地的方法。」

老山羊帶著小老虎來到院子後面的花園裏，然後從口袋裏拿出一包種籽說：「這是九月菊的種籽，現在你想個辦法讓它們早點開花，並讓它們的花朵鮮豔奪目、出人頭地吧！」

「想讓它們在花中出人頭地，還不簡單嗎？我們把它埋進土裏，它就會生根發芽，鑽出土壤，在秋天開出美麗的花朵。」說完，小老虎便刨土準備種下種籽。

「你這樣做是不是埋沒了它們？」老山羊笑著問。

「可是，如果不經過埋沒的階段，它們怎麼可能發芽破土而出呢？」

「孩子，看來你早就知道出人頭地的方法呀！」

「您是說……」小老虎有所感悟。

大哲理：一顆種籽能長成蒼天大樹，是因爲它將它的根紮得很深，它將自己埋得很深。就像小老虎的種籽要想長成鮮花，深埋土中則是必經的過程，一個人的成長也一樣，任何事情都不是一蹴而就的。

一枚硬幣

一個法國人和一個英國人一同找工作。

一枚硬幣掉在地上，英國人看也不看地走了過去，法國人卻激動地將它拾起。

英國人露出鄙夷之色：一枚硬幣也撿，眞沒出息！

法國人望著遠去的英國人，心生感慨：讓錢白白從身邊溜走，眞沒出息！

兩個人同時走進一家公司。公司很小，工作很累，薪資也很低，英國人不屑一顧地走了，而法國人卻高興地留了下來。

兩年後，兩人在街上相遇，法國人已經成了老闆，而英國人還在尋找工作。英國人對此無法理解，說：「你這麼沒出息的人，怎麼能這樣大『發』？」

法國人說：「因爲我沒有像你那樣紳士般地從一枚硬幣上邁過去。你連一枚硬幣都不要，怎麼會發大財呢？」

大哲理：英國人並非不要錢，可是他眼睛盯著的是大錢而不是小錢，所以他的錢總在前面，他的成功也在前面。

成功路上的相對論

美國專欄作家弗蘭克・格拉頓，年輕時深受英國作家威廉・科貝特的影響，辭掉了報社的工作，一頭栽進創作中去。由於沒有收入，連房租都繳不起。白天，爲了躲避房東催交房租，只好漫無目的地在馬路上走來走去，何時才能寫出自己的鴻篇巨著呀，他感到有些絕望。

一天，在四十二號街遇到了他當記者時曾採訪過的俄國著名歌星夏里賓先生，沒想到這位名噪一時的人物還記得他。格拉頓忍不住向夏里賓傾訴了自己的苦惱，夏里賓聽過之後，對他說：「我的旅館在一〇三號街，跟我一起過去，好不好？」

「什麼，一〇三號街？我怎麼可能一下子走這麼遠的路？」格拉頓驚歎道。

「是呀，從這裏到一〇三號街要經過六十個街口，少說也要走上兩個多小時！」夏里賓換了一種口氣說，「我們不到我的旅館了，我們向前走，過六條街，到貝里射擊遊藝場玩玩怎麼樣？」

夏里賓的這番話打消了格拉頓的顧慮，他們到了遊藝場門口，看了一會兒兩名屢次射擊不中目標的水兵。然後繼續前進，不一會兒就到了長納奇大戲院，「現在離中央公園只有五條橫馬路了，我們去看看那隻奇怪的猩猩吧！」夏里賓愉快的話語，讓格拉頓感到說不出的輕鬆……，就這樣走走停停，不知不覺間已到了一〇三號街。原該精疲力竭的他，卻一點也不感到一點累。格拉頓掏出懷錶看了看，時間已過去了將近四個小時。

夏里賓先生滿意地對他說：「並不太遠吧！現在我們到我旅館附近的餐館去吃飯吧！」在餐桌上，格拉頓聽到了讓他終生難忘的一席話——「今天走的路，你要記在心裏，你無論與你的目標之間有多遠，也要學會輕鬆地走路，只有那樣，在走向目標的過程中，才不會感到煩悶，才不會被遙遠的未來嚇住。」

大哲理：輕鬆地走路，輕鬆地享受生活。我們沒有必要不斷告誡自己馬不停蹄、日以繼夜地朝目標趕路，有時候我們樹立目標本身，就只是爲了確定一條我們到達它的線，怎樣去走，才是我們眞正要思考的。

生活並不是爲了追求趕路的疲憊，那樣無異於南轅北轍，趕得再累，也難以達到生活的眞諦。讓我們的生活變得輕鬆而自在，生活並不是沉重的負擔。

別把雞蛋放入同一個籃子

好多年前，有人要將一塊木板釘在樹上當擱板，賈金斯走過去管閒事，說要幫他一把。

他說：「你應該先把木板前面鋸掉再釘上去。」於是，他找來鋸子之後，只鋸了兩三下又撒手了，說要把鋸子磨快些。

於是他又去找銼刀。接著又發現必須先在銼刀上安一個順手的手柄。於是，他又去灌木叢中尋找小樹，可是砍樹又得先磨快斧頭。

磨快斧頭需將磨石固定好，這又免不了要製作支撐磨石的木條。製作木條，少不了木匠用的長凳，可是這沒有一套齊全的工具是不行的。於是，賈金斯到村裏去找他所需要的工具，然而這一走，就再也不見他回來了。

後來人們發現，賈金斯無論學什麼都是半途而廢。他曾經廢寢忘食地攻讀法語，但要真正掌握法語，必須首先對古法語有透徹的瞭解，而沒有對拉丁語的全面掌握和理解，要想學好古法語是絕不可能的。

賈金斯進而發現，掌握拉丁語的唯一途徑是學習梵文，因此便一頭栽進梵文的學習之中，而這就更加曠日費時了。

賈金斯從未獲得過什麼學位，他所受過的教育也始終無用武之地。但他的先輩爲他留下了一些本錢，於是他拿出十萬美元作投資，辦了一家煤氣廠，可是造煤氣所需的煤炭價錢昂貴，這使他大爲虧本。於是，他以九萬美元的售價把煤氣廠轉讓出去，開辦起煤礦來。可是這又不走運，因爲採礦機械的耗資大得嚇人。因此，賈金斯把在礦裏擁有的股份變賣成八萬美元，轉入了煤礦機器製造業。從那以後，他便像一個內行的滑冰者，在有關的各種工業部門中滑進滑出，沒完沒了。

他戀愛過好幾次，可是每一次都毫無結果。他對一位小姐一見鍾情，十分坦率地向她表露了心跡。爲使自己匹配得上她，他開始在精神品德方面陶冶自己。他去一所星期日學校上了一個半月的課，但不久便自動逃遁了。兩年後，當他認爲問心無愧、可以啓齒求婚之日，那位小姐早已嫁給了別人。

不久，他又如癡如醉地愛上了一位迷人的、有五個妹妹的小姐。可是，當他去女孩家中時，卻喜歡上了二妹，不久又迷上了更小的妹妹，到最後一個也沒談成功。

大哲理：當我們的籃子裝不下時，不要把所有的雞蛋放進同一個籃子裏；當我們需要做很多事情時，我們要掌握重點，要一件一件地做。每一件都做一點，其實是每一件都沒做，每一件都半途而廢，什麼也做不了。就像勉強把所有雞蛋裝進盛不進它的籃子，要麼雞蛋破，要麼籃子破！

小溝

某個週日，潘蜜拉和幾個朋友去郊外爬山，那天他們玩得很盡興，不知不覺中太陽都快下山了，他們還待在山頂。如果原路返回，還需要兩到三個小時的時間。這時候有人提議說知道另外一條捷徑，不到一個小時就可以下山，但是要跨過一條小溝。

望著越來越暗的天色，他們一致同意走近路。

那條小溝大概有幾公尺深，溝裏是潺潺的溪水，在四月的黃昏裏，發出響亮而空洞的聲音，那種聲音讓人想到不慎失足掉下去的慘烈……。前進還是後退？他們在溝前猶豫了很久。天色一點一點地暗了下來。

這時候，一個女孩站了出來，她是一個年輕的女孩。她拿了一根樹枝在溝之間比劃了一下。然後放在地上，說：「溝就是那麼寬的距離，大家試著跳跳看。」大家很輕易地就在平地上跳過了那個和溝寬差不多的距離，但是面對溪水嘩嘩的小溝，有人還是猶豫。女孩第一個跳過去了。大家相互鼓勵著，一個個也都跳過去了，包括膽小的潘蜜拉。

那個傍晚，他們很快就下了山。而且，在新的道路上，他們還發現了一大片粉紅嫩白的桃花。在這樣一個落英時節，那燦爛的色彩真像是一幅令人驚喜的風景畫。下山沒多久，竟下起雨來了，又大又急。大家都笑著說：「那小溝並沒有我們想像中的可怕吧！可怕的只是我們心中的想像。我們一抬腿，不就過來了嗎？世事難料，安全也不是絕對的。如果我們當時選擇熟悉的那條路回來，說不定都成了落湯雞了。」

大哲理：如果給你一個機會，在冒險和安全之間選擇，你會選擇前者還是後者呢？人們的價值觀不同，做出的選擇往往也不同。但是要明白，冒險雖然意味著風險，但高風險總是伴隨高回報的。保險的方式雖然安全，但回報會很小。看清這一點，一切就會變得清楚，就看你看重何者了。

選擇冒險的人，理所當然應該擁有豐厚的回報，沒有冒險的人，也不應抱怨收穫太少。他們的差別，在當初做出選擇的時候就已經註定了。成功往往更加垂青勇於冒險的人，因爲他們總富於冒險精神，社會的進步也有賴於他們的努力。

成功並不像你想像的那麼難

一九六五年，一位韓國留學生到劍橋大學主修心理學。在下午茶的時間，他常到學校的咖啡廳或茶座聽一些成功人士聊天。這些成功人士包括諾貝爾獎得主者，某些領域的學術權威和一些創造了經濟神話的人，這些人幽默風趣、舉重若輕，把自己的成功都看得非常自然和順理成章。時間長了，他發現，在國內時，他被一些成功人士欺騙了。那些人爲了讓正在創業的人知難而退，普遍把自己的創業艱辛誇大了，也就是說，他們以自己的成功經歷，嚇唬那些還沒有取得成功的人。

作爲心理系的學生，他認爲很有必要對韓國成功人士的心態加以研究。一九七〇年，他把《成功並不像你想像的那麼難》作爲畢業論文，提交給現代經濟心理學的創始人威爾．布雷登教授。布雷登教授讀後，大爲驚喜，他認爲這是個新發現，這種現象雖然在東方甚至在世界各地普遍存在，但此前還沒有一個人大膽地提出來並加以研究。驚喜之餘，他寫信給他的劍橋校友——當時正坐在韓國政壇第一把交椅上的人——朴正熙。他在信中說：「我不敢說這部著作對你有多大的幫助，但我敢肯定它比你的任何一個政令都能產生震動。」

後來這本書果然伴隨著韓國的經濟起飛了。這本書鼓舞了許多人，因爲他們從一個新的角度告訴人們，成功與「勞其筋骨，餓其體膚」、「三更燈火五更雞」、「頭懸樑，錐刺股」沒有必然的聯繫。只要你對某一事業感興趣，長久堅持下去，就會成功，因爲上帝賦予你的時間和智慧，足夠讓你圓滿做完一件事情。後來，這位青年也獲得了成功，他成了韓國一個汽車公司的總裁。

大哲理：人世中的許多事，只要想做，都能做到，該克服的困難，也都能克服，用不著什麼鋼鐵般的意志，更用不著什麼技巧或謀略。

只要一個人還在樸實而饒有興趣地生活著，他終究會發現，造物主對世事的安排，都是水到渠成的。並不是因爲事情難，我們不敢做，而是因爲我們不敢做，事情才難的。

猶豫先生與耕耘先生

一位智商一流、執有大學文憑的翩翩才子，決心「下海」做生意。

有朋友建議他炒股票，他豪情萬丈，但去辦開戶時，他又猶豫道：「炒股有風險啊！再等等看！」

又有朋友建議他到夜校兼職講課，他很有興趣，但快到上課時間，他又猶豫了：「講一堂課才二百元，沒有什麼意思。」

他很有天分，卻一直在猶豫中度過。兩、三年了，一直沒有「下」過海，碌碌無爲。

一天，這位「猶豫先生」到鄉間探親，路過一片蘋果園，眼見都是長勢茁壯的蘋果樹。禁不住感歎道：「上帝賜予了一塊多麼肥沃的土地啊！」種樹人一聽，對他說：「那你就來看看上帝怎樣在這裏耕耘吧！」

大哲理：世界上有很多人光說不做，總在猶豫；有不少人只做不說，總在耕耘。成功與收穫，總是光顧具有成功的方法，並且付諸於行動的人。

兩棵果樹

一個農夫在樹林裏同時種了兩棵一樣大小的果樹苗。

第一棵樹拚命地從地下吸收養料，儲備起來，滋潤每一個枝節，積蓄力量，默默地盤算著怎樣完善自身，向上生長。另一棵樹也拚命地從地下吸收養料，凝聚起來，開始盤算著開花結果。

第二年春天，第一棵樹便吐出了嫩芽，鼓足了勁向上長。另一棵樹剛吐出嫩芽，便迫不及待地擠出花蕾。

第一棵樹默默地忍著，很快就長得高大茁壯。另一棵樹每年都要開花結果，剛開始，農夫和村人都大吃一驚，非常欣賞它。聽到人們的誇獎，這棵樹更加賣力地開更多的花、結更多的果。但由於它還沒有成熟便承擔開花結果的責任，累得彎了腰，結的果實也酸澀難吃，還時常招來一群孩子以石頭襲擊它。有的孩子甚至會攀上它羸弱的身體，在掠奪果子的同時，損傷它的自尊及肢體。

終於有一天，那棵不開花的壯樹輕鬆地吐出了花蕾，由於養分充足，身體強壯，結出了又大又甜的果實，而此時那棵急於開花結果的樹，卻已被折磨成了枯木。農夫詫異地嘆了口氣，將那根瘦小的枯木砍下，燒火用了。

大哲理：秋天的碩果累累，不僅僅在於春天的生根發芽、夏天的繁花怒放，更是由於嚴寒冬天的把根深紮；今年的碩果累累，也不僅僅在於一季、一年的汲取營養，更是由於以往數年的不斷積聚，向上生長！

我們人生花朵的美麗綻放，並非在於對結果的急功近利，而是在於不斷積累的過程。

CHAPTER 2

第二輯

金錢財富與欲望滿足

天下之事，常成於勤儉而敗於奢靡。

——陸游

對於不知足的人，沒有一把椅子是舒服的。

——富蘭克林

守財奴與死神

有個守財奴一直都很勤奮而且儉樸，積蓄了三十萬銀元。

有一天，他終於決定要享受一年豪華快樂的生活，然後再決定下半生怎樣過。

可是，就在他開始停止奔波賺錢的時候，死神來到他面前，要取回他的生命。

守財奴使盡了一切唇舌的本領，請求死神改變主意。最後他說：「那就多賜給我三天吧，我會把我所有財富的三分之一送給你。」

死神無動於衷，仍然繼續堅持收回他的生命。守財奴又說：「如果你讓我在這世上多活兩天，我立即給你二十萬銀元。」

死神沒有理會，甚至後來他願意用自己積蓄的三十萬銀元交換一天的生命，也沒有得到死神的同意。

守財奴沒有辦法，只好說：「那麼請你開恩，給我一點點時間，寫下一句話留給後人吧！」

這次死神應允了他的請求。守財奴用自己的鮮血寫著：「人啊，記住，生命是最寶貴的，所有的財富買不到一小時的生命。」

大哲理：在追求金錢時，別忘了你追求金錢的目的。別讓金錢變成主宰你的主人，它只是你獲得快樂的手段而已。快樂才是生活的眞諦！

一壺井水

四個商人和一個爲他們打雜的少年，騎馬穿越大沙漠，遇上了沙塵暴。五匹馱著水和食物的馬不見了蹤影，他們也可怕地迷失了方向。

烈日如火，沙漠烘烤如爐。五個人由於乾渴而無比痛苦，都無力地躺在沙丘下。他們嘴唇乾裂，舌頭成了一片乾木板，全身彷彿在一點一點地枯萎。從每個人口中發出的沙啞聲音都是一個字：「水！」

胖商人身上此時確實有一小壺井水，五百克的重量。在穿越沙漠前他灌了一小鐵壺酒，同行的商人和他開了個玩笑，偷偷倒出酒給他裝上了水。完全出乎他們意料的是，現在這小壺井水不知要比一壺酒貴重多少倍。關鍵是五百克水如果只給一個人喝，這個人很可能走出沙漠，脫離險境；如果五個人均分，每人喝到一百克水，毫無疑問地，他們都將倒在沙漠裏。

三個商人都把目光盯向了胖商人身上的那一小壺井水，他們認爲能讓自己喝到那小壺井水的最有效辦法，就是用金錢換取。於是，瘦商人搶先提出用十枚金幣買那一小壺井水。另外兩個商人也馬上競價買水。很快地，買價上升到一百枚金幣，最後三個商人願傾其身上所有的金幣換水。

那個打雜的少年一聲不響，絕望地閉著眼睛，躺著聽他們爭吵著買水。只有他身上沒有金幣，因而那壺水一滴也不屬於他。

然而，三個商人誰也沒有買到那一小壺井水，擁有這一小壺井水的胖商人，不爲人們的金幣所動。他頭腦十分清醒地說：「誰喝下這壺井水，誰就有可能走出沙漠。賣給你們這壺水，我只能倒在這裏，得到再多的金幣又有什麼用？你們難道看不出來，金幣的價值現在等於零嗎？」

三個商人目瞪口呆。

於是，爭奪那一小壺井水的生死搏鬥隨即在四個商人中展開了。先是廝打叫罵，拳腳相加，很快用上了貼身的匕首、皮帶。不久之後，搏殺平息了，四個商人都倒了下去。他們流的黏稠的血，在烈日下乾結。

四個商人都沒有得到的那一小壺井水，卻意外地屬於了身無分文的打雜少年。這始料不及的突變，竟使少年一時茫然不知所措。更讓他心驚肉跳的是，映入他視線的散落在地上的大把金幣，那些從前一直與他無緣、對他毫無感情的燦燦金幣，此時只要他肯彎下腰，就可以成爲它們的新主人。少年卻沒有彎腰，他的手中只捧著那壺井水，和在這場生死搏鬥中深受震撼的那顆稚嫩的心。聰明的他十分清楚，拾一枚金幣就可能會拾二枚、三枚以致全部，沙漠中負重行走會加大乾渴的程度，他雖然得到了小壺井水，但同樣可能倒下去。因此，少年頭也不回地離開了那些金幣。朝霞爲他鍍一身金光，他的生命之樹開始復綠。

少年戰勝了大漠，也戰勝了自己。而戰勝自己讓他最後戰勝了大漠。

許多人都知道金錢的價值，但卻不知道金錢有時沒有一點價值。

大哲理：有時，金錢的光芒過於閃耀，以至於刺痛人的雙眼，看不清其他東西，少年戰勝了自己，戰勝了人性中的貪婪，也贏得了自己的生命，在這個過程中，他的心靈也獲得重生，開始明白金錢有時沒有任何價值，反而會成爲累贅，只有看透這一點，才會更多地關注生命中寶貴的情感和事物。

金錢的危險性

在猶太人間，流傳著這樣一個故事：

一個擁有無數錢財的吝嗇鬼，去他的拉比那兒乞求祝福。

拉比讓他站在窗前，讓他看外面的街上，問他看到了什麼，他說：「人們。」

拉比又把一面鏡子放在他面前，問他看到了什麼，他說：「我自己。」

拉比解釋說，窗戶和鏡子都是玻璃做的，但鏡子鍍上了一層銀。單純的玻璃讓我們能看到別人，而鍍上銀的玻璃就只能讓我們看到自己。

大哲理：一談到金錢，人們都知道猶太人挺會賺錢的。聽聽他們對金錢的看法，對於今天的我們來說不無裨益。單純的玻璃只能看到別人，鍍上銀的玻璃只能看到自己。金錢的危險性一覽無遺。金錢的魅力可以轉移人的眼光，難怪有人說：有些人是金錢的奴隸。

失去財寶的守財奴

這個不幸的人，有一筆錢捨不得用，將它埋在地下，他的心彷彿也埋了進去，他不需要其他的消遣來打發時光，唯一的快樂就是想著那筆財富。他認爲錢財只有越想才越有價值，因而也就越捨不得花。他總怕錢財被人偷走，吃不好、睡不安，沒事總在那裏轉悠。日子一久，被一名盜墓賊發現，這賊人料想此地肯定有寶物，於是默不作聲地把它盜走了。

第二天早晨，守財奴發現錢財不翼而飛，頓時捶胸頓足，嚎啕大哭，痛不欲生。智者問他爲何哭得如此傷心，他抽泣著回答：「有人偷了我的財寶。」

「你的財寶，埋在哪裏被偷走的？」

「就在這塊石頭旁邊。」

「嗨，現在是什麼日子，難道還是兵荒馬亂的年月？你幹嘛把財寶埋得這麼遠？當初你把它放在自己的保險櫃裏，豈不是太平無事？況且隨時取用也方便呀！」

「隨時取用？上帝啊！難道我用得著貪圖這一丁點方便？你沒聽說過，用錢容易賺取難嗎？我從沒想過要動用它的。」

智者笑了：「既然你從不動這筆錢，那你就在這裏埋一塊石頭，把這塊石頭當做你原來的錢財，因爲這對你來說是一樣的。」

大哲理：物盡其用方可知其價值。財富，有用的時候才能叫財富，沒用的時候就不能稱其爲財富。

摒除雜念

蒙克夫是一位國際著名的登山家，他經常在沒有攜帶氧氣設備的情況下，成功地征服海拔六千四百公尺以上的高峰，這其中還包括了世界第二高峰——喬戈里峰。

其實，許多登山高手都以不帶氧氣瓶而能登上喬戈里峰爲第一目標。但是，幾乎所有的登山好手來到海拔六千四百公尺處，就無法繼續前進了，因爲這裏的空氣變得非常稀薄，幾乎令人感到窒息。

因此，對登山者來說，想靠自己的體力和意志，獨立征服八千六百一十一公尺的喬戈里峰峰頂，確實是一項極爲嚴峻的考驗。

然而，蒙克夫卻突破障礙做到了，他在接受表彰的記者招待會上，說出了這一段歷險的過程。

蒙克夫認爲，在突破海拔六千四百公尺的登山過程中，最大的障礙是心裏各種翻騰的欲念。

因爲，在攀爬的過程中，任何一個小小的雜念，都會讓人鬆懈意念，轉而渴望呼吸氧氣，慢慢地讓人失去衝勁與動力，而「缺氧」的念頭也會開始產生，最終讓人放棄征服的意志，接受失敗。

蒙克夫說：「想要登上峰頂，首先你必須學會清除雜念，腦子裏雜念愈少，你的需氧量就愈少；你的欲念愈多，你對氧氣的需求便會愈多。所以，在空氣極度稀薄的情況下，想要攻上頂峰，你就必須排除一切欲望和雜念！」

大哲理：一個人只有靠自己的意志力，摒除腦海中各種雜念，才能戰勝困難，成爲最後脫穎而出的人。生活中最難做到的，不是尋找最後的結果，而是在尋找的路途上能不受誘惑，並奮力不懈地直達目標。因爲，任何停滯與遲疑的念頭，都會讓人忘記前進，甚至失去了起步時勇往直前的衝勁。

已經走到半山腰的你，還記得開始時你對自己所喊的加油聲嗎？找回你的活力，全力向前衝刺。就像蒙克夫說的，忘記所有雜念。只要堅守最初非成功不可的意志，我們最終都能完成每一項人生考驗。

自己建造的房子

有個老木匠準備退休，他告訴老闆，說要離開建築行業，回家與妻子兒女享受天倫之樂。

老闆捨不得他的好工人走，問他是否能幫忙再建一座房子，老木匠說可以。但是大家後來都看得出來，他偷工減料，他的心早已不在工作上。

當房子建好的時候，老闆把大門的鑰匙遞給他。

「這是你的房子，」他說，「我送給你的禮物。」

他震驚得目瞪口呆，羞愧得無地自容。如果他早知道是在替自己建房子，他怎麼會這樣呢？現在他得住在一幢粗製濫造的房子裏！

我們又何嘗不是這樣。我們漫不經心地「建造」自己的生活，不是積極行動，而是消極應付，凡事不肯精益求精，在關鍵時刻不能盡最大努力。等我們驚覺自己的處境，早已深困在自己建造的「房子」裏了。

把你當成那個木匠吧，想想你的房子，每天你敲進去一顆釘，加上去一塊板，或者豎起一面牆，用你的智慧好好建造吧！你的生活是你一生唯一的創造，不能推倒重來。

大哲理：即使只有一天可活，那一天也要活得優美、高貴，因為「生活是自己創造的」。

乞丐的三個願望

耶路撒冷聖地有一個又老又髒的乞丐，天天站在路旁乞討，有一頓沒一頓的，日子過得窮苦不堪，但是他每天早上仍虔誠地禱告，希望奇蹟能降臨到自己身上。

一天，當他祈禱完畢，抬頭一看，竟然有位全身發光的天使站在眼前。天使告訴他，上帝可以實現他的三個願望。

老乞丐心中大喜，毫不遲疑地立刻許下了他的第一個願望：要變成一個有錢人。剎那間，他就置身於一座豪華的大宅院中，身邊有無數的金銀財寶，終其一生也享用不盡。老乞丐馬上又向天使許下第二個願望：希望自己能年輕四十歲。果然，一陣煙過後，老乞丐變成了二十歲的年輕小夥子。這時，他興奮到了極點，不假思索地說出了第三個願望：一輩子不需要工作。

天使點了點頭，他立刻又變回了路旁那個又老又髒的乞丐了。乞丐不解地問：「這是為什麼？這個願望說出來之後，我為何變得一無所有了呢？」

一個聲音從天際傳來：「工作是上帝給你最大的祝福。想一想，如果你什麼都不做，整天無所事事，那是多麼可怕的一件事！只有投入工作，你才能變得富有，才有生命的活力。現在你把上帝給你的最大恩賜扔掉了，當然就一無所有了！」

大哲理：不要把自己的願望建立在別人的施捨上。不肯腳踏實地的工作，願望永遠是願望，它是永遠也不會變成事實的。

三等人

小張在當了十年的執業醫生之後，賺了一筆錢，於四十五歲宣布退休，全家移民美國，每天從事他最喜愛的兩樣休閒生活：打高爾夫球與釣魚。

一年後，出乎意料之外，小張又回到原來的地方繼續做執業醫生。

朋友們都感到很奇怪，小張誠實地說：「打高爾夫球與釣魚連續一個月就煩了，沒有工作形同坐牢，後來我在美國跟許多移民一樣，成了『三等人』。」

朋友們都好奇地問：「何謂『三等人』呢？」

小張苦笑道：「首先是等吃飯，吃完飯之後是等打牌，打完牌之後就是等死了。這樣等了一年實在讓人受不了，只好回來再開業了。」

大哲理：假如你認爲工作只是爲了賺錢養家，那的確是貶低了工作的價值。事實上，工作不只是爲了賺錢，他更重要的意義在於——從工作中可以得到自我肯定與生活的樂趣。

擺脫不了誘惑

一八五六年，亞歷山大商場發生了一起盜竊案，共失竊八只金錶，損失十六萬美元，在當時，這是相當龐大的數目。

就在案子尚未偵破前，有個紐約商人到此地批貨，隨身攜帶了四萬美元現金。當他到達下榻的酒店後，先辦理了貴重物品的保存手續，接著將錢存進了酒店的保險櫃中，隨即出門去吃早餐。

在咖啡廳裏，他聽見鄰桌的人在談論前陣子的金錶竊案，因爲是一般社會新聞，這個商人並不當一回事。

中午吃飯時，他又聽見鄰桌的人談及此事，他們還說有人用一萬美元買了兩隻金錶，轉手後即淨賺三萬美元，其他人紛紛投以羨慕的眼光說：「如果讓我遇上，不知道該有多好！」

然而，商人聽到後，卻懷疑地想：「哪有這麼好的事？」

到了晚餐時間，金錶的話題居然再次在他耳邊響起，等到他吃完飯，回到房間後，忽然接到一通神秘的電話：「你對金錶有興趣嗎？老實跟你說，我知道你是做大買賣的商人，這些金錶在本地並不好脫手，如果你有興趣，我們可以商量看看，品質方面，你可以到附近的珠寶店鑑定，如何？」

商人聽到後，不禁怦然心動，他想這筆生意可獲取的利潤比一般生意優厚許多，所以他便答應與對方會面詳談，結果以四萬美元買下了傳說中被盜的八只金錶中的三只。

但是第二天，他拿起金錶仔細觀看後，卻覺得有些不對勁，於是他將金錶帶到熟人那裏鑑定，沒想到鑑定的結果是，這些金錶居然都是假貨，全部只值二千美元而已。直到這幫騙子落網後，商人才明白，打從他一進酒店存錢，這幫騙子就盯上了他，而他一整天聽到的金錶話題，也是他們故意安排設計的。

歹徒的計畫是，如果第一天商人沒有上當，接下來，他們還會有許多花招準備誘騙他，直到他掏出錢爲止。

大哲理：貪婪自私的人往往目光如豆，所以他們只瞧見眼前的利益，看不見身邊隱藏的危機，也看不見自己生活的方向。貪欲越多的人，往往生活在日益加劇的痛苦中，一旦欲望無法獲得滿足，他們便會失去正確的人生目標，陷入對蠅頭小利的追逐。就如同故事中明知道金錶是「贓貨」的商人，因爲被自己的貪念打敗，最終抗拒不了騙子的誘惑而自食惡果。不想自陷於危險之中，我們便要開闊自己的視野，打開心胸，如此才能看見前方的美麗風景。

面對誘惑

曾經有一位哲人做過一個實驗：他問兩個男人，如果有人出一百元買你們的愛妻，你們是否願意，兩人都搖頭；他又問道：如果出一百萬呢？其中一個點點頭，他繼續問道：一百億呢？結果另一個人也點了頭。

一百元的價格上，兩個男人都是道德的，一百萬時，一個男人走向了不道德，一百億時，另一個也下了水。

是不是一百億的男人比一百萬的男人更道德些？我不敢肯定，但有一點可以肯定，前者比後者經得起誘惑一些，他抗誘惑的臨界點更高，因此，他可以更多時候保持道德的風範。

大哲理：英國大哲學家羅素說過：「人之所以有道德，是因爲受的誘惑太少。」

我不敢苟同羅大哲人的觀點，因爲在如今這個五光十色的人類社會中，權力、金錢、美色等，如同一把把利劍高懸於我們的頭上，自始至終伴隨著我們走完人生的路程。

面對如此眾多的誘惑，我們不可能純潔到視任何誘惑而不動心的地步，但我們可以提高自己抗誘惑的臨界點！

下金蛋的雞

有一對貧窮的夫婦，依靠自己家裏的一塊田地維持生計，每年收割的莊稼只能勉強過活。但值得欣慰的是，他們家裏還養著一隻母雞，每天可以生一個雞蛋。

神奇的事情發生了。有一天，這隻雞生下了一個金蛋。農夫把雞蛋拿到市場上去賣，得到了一筆現金，這筆巨款令他嚇了一跳。竟然不費吹灰之力就得到了這麼一大筆錢，農夫喜滋滋的。

農夫回到家裏，盯著下金蛋的雞看，不明白自己爲什麼這麼幸運，他心想，以後也不用辛辛苦苦耕種了，需要什麼東西，不管是豆子、蔬菜還是肉類，都能用金蛋換的錢在市場上買回來。

母雞一天下一個金蛋，夫婦倆發了大財，買下了肥沃的田地，又蓋起了漂亮的大房子，請了許多僕人，日子過得舒服極了。

但是他們非常貪心，對這一切並不滿足。有一天，農夫躺在床上對妻子說：「既然母雞每天可以下一個金蛋，那牠的肚子裏一定有很多很多的金蛋，說不定就是一個金庫……」

丈夫緊接著說：「對，我們乾脆把雞殺了，從肚子裏把所有的金蛋都拿出來！」

於是，他迅速地爬起來，拿了一把刀把那隻下金蛋的雞殺了。但是剖開雞腹之後，發現和普通的雞並沒有什麼兩樣，根本沒有什麼金蛋，也不是什麼金庫！農夫非常懊悔親手毀了自己的致富寶貝，但爲時已晚。他希望得到更多的財富，卻把原有的利益也失去了。

大哲理：殺雞取卵是最愚蠢的做法，貪心的人往往事與願違！維持持續不斷的財源，才是眞正的生財之道。

荒唐的人性試驗

兩個外地人乘車來到一個小城市，在一家旅館投宿。店主像通常所做的那樣，問他們姓名、職業以及要在此處住多久。這兩個外地人說：「我們是格勞克城的著名醫生。大約要在這兒住四個星期。但您不要告訴任何人，因爲我們要在這裏做一個試驗，我們需要安靜。」

好奇的店主問：「究竟做什麼試驗？」

「在格勞克城我們做出了一個奇蹟的試驗：讓死人重新活過來。這種試驗，我們在那裏用了三個星期時間。現在我們要在這裏，在另一種條件下重做。」

顯然，店主立即將這奇怪的故事傳開了。開始人們對此只是一笑置之，但這兩個外地人的行動卻漸漸地引人注意了。他倆經常到公墓去，久久地停留在一些墳墓前，其中包括一個富商的年輕妻子的墓。他們還與人們交談，詢問有關這位年輕太太和其他葬於此公墓的死人的情況。

整個小城漸漸地處於一種奇異的不安之中。首先是那個商人比爾，他眞的相信這種神奇的試驗會成功。他與城裏的醫生交談，現在連醫生的臉也嚴肅起來了。三個星期的

時間快要過去了，肯定要發生什麼事了。

第三星期的週末，這兩個外地人收到了商人比爾的一封信。「我曾有過一個像天使一般的妻子，」他寫道，「但她重病纏身。我很愛她，也正因爲如此，我不希望她重返病體。你們別擾亂她的安寧吧！」信封裏放了一大筆表明是作爲謝禮的錢。

在第一封信之後，其他的信接踵而來。

一個侄子繼承了他叔叔的遺產，很爲他死去了的叔叔再復活而擔憂。一個在其丈夫死後又重新改嫁了的女人寫道：「我的丈夫很老了，他不想再活了。他已得到了他的安寧……」這些信的信封裏也都放著一筆款。

兩個外地人對此一言不發，夜裏繼續著他們的公墓之行。這時，小城的市長進行干預了。他當市長才不久，而且很想長期當下去，不願再跟死去的前任市長會面。他向這兩個外地人提供了一大筆款。「我們的條件是，」他寫道，「你們不要再繼續試驗下去了。我們相信你們能讓死人復活，我們還可以給你們一份試驗成功的證明，但是請你們立刻離開這個城市吧！」

這兩個外地人拿了錢和證明，收拾起他們的行裝，離開了這城市。「試驗」成功了。

大哲理：「人性試驗」成功了，它似乎證明了人性的自私與貪婪。也許有人要說，人性本來如此，這次試驗只是反映人們不願接受的眞實，如此而已。難道眞是這樣嗎？人與人之間的親情、友情、愛情，難道就這麼被否定了嗎？人性還是存有溫情的一面，讓我們堅定的守候，並相信人性的善良。這個試驗的確是荒唐的，在大家願意守候的時候！

乞丐與丟失的狗

富翁家的狗在散步時跑丟了，於是他張貼了一則啓事：有狗丟失，歸還者，付酬金一萬元。並附有小狗的一張畫像。送狗者絡繹不絕，但都不是富翁家的。富翁的太太便以爲一定是眞正撿到狗的人嫌給的錢少，那可是一隻純正的愛爾蘭名犬。於是富翁把酬金改爲兩萬元。

一位乞丐在公園的躺椅上打盹時撿到了那隻狗。乞丐沒有及時地看到第一則啓事，當他知道送回這隻小狗可以拿到兩萬元時，乞丐眞是興奮極了，他這輩子也沒交這種好運。

乞丐第二天一大早就抱著狗準備去領那兩萬酬金。他經過一家大百貨公司時，又看到了一則啓事，賞金已變成三萬元。乞丐駐足想了一會兒，賞金增加的速度倒挺快，這狗到底能值多少錢呢？他改變了主意，又折回到他的破窯洞，把狗重新拴在那兒，第四天，懸賞額果然又漲了。

在接下來的幾天時間裏，乞丐沒有離開過告示牌，當酬金漲到使全城的市民都感到驚訝時，乞丐還是返回了他的窯洞。

可是那隻狗已經死了，因爲這隻狗在富翁家吃的是鮮奶和燒牛肉，對這位乞丐從垃圾桶裏撿來的東西，根本「享受」不了。

大哲理：什麼是小聰明?什麼是大智慧?這個故事從反面告訴我們，兩者的界限有時候就在於我們能否把握好事物的「度」，懂不懂得適可而止。「聰明反被聰明誤」說的就是這個道理。

金錢猛於虎

從前有兩個朋友看到一位哲學家從叢林中驚慌失措地跑出來。他們問他爲什麼這樣驚恐不安。哲學家說：「在那片叢林中，我看到一個吃人的東西。」

「你是不是說有一隻老虎？」兩個人不安地問道。

「不，」哲學家說，「要比老虎厲害得多，是我在挖一些藥草時挖出來的一堆金幣。」

「在哪兒？」兩人趕忙問道。

「就在那片叢林中。」說完，哲學家就走了。

兩個朋友立即跑到哲學家所指的地方，果然發現有一些金幣。

「那個哲學家多蠢啊！」一個人對另一個人說，「竟把這貴如生命的黃金說成是吃人的東西！」

另一個人說：「讓我們想想怎麼辦吧！在光天化日之下，現在就把它拿回村裏是不安全的，必須在夜裏偷偷拿回家去。我們留一人在這裏看著財寶，另一個人回家去拿吃的吧！」

當一個去拿飯時，留下的一個人想道：「太遺憾了，今天要是我一個人來多好。現在我還得把這些黃金分給朋友一半，我有一大家子人，需要得到全部黃金。只要他一來，我就用我的刀把他捅死。」

同時，另一個人也在想：「我幹嘛要把黃金分給他一半呢？我負債累累，一點積蓄都沒有，我不能分給他一半。我先吃好飯，然後就在飯裏放上毒藥，給他帶去，他一吃就死了。」想好之後，他帶著飯，來到發現金幣的地方。他剛一到那裏，另一個人就冷不防地給了他一刀，當即結束了他的性命。行兇後，兇手對朋友屍體說道：「可憐的朋友，是一半黃金送了你命。現在，我該吃飯了。」他端起有毒的飯吃了下去。半個小時後，他一命嗚呼了。

他在臨死的時候說：「哲學家的話多麼正確呀！」

大哲理：人們常說「金錢不是萬能，沒有金錢是萬萬不能」。這似乎是老生常談，可是能將這句話記在心上的人很少，能處理好金錢關係的人就更少了。人們總是低估自己心底的物欲。

其實，金錢會腐蝕人的心靈、摧毀人類最寶貴的情感，直到死亡的最後一刻，人們才幡然醒悟，金錢只不過是身外之物，只有人類的情感才能永存於心。但這時，人們已經爲追逐金錢耗盡了生命的最後時光，再也沒機會改過自新了。爲了避免這樣的悲劇，我想每個人都應該懂得珍惜、懂得感恩，要知道生命的意義在於你擁有多少人，而不是擁有多少金錢，家人和朋友才是我們生命中眞正的無價之寶。

打不開的鎖

有一個老鎖匠，技藝高超，一生開鎖無數。他爲人正直，他把自己的姓名和地址告訴每個修鎖的人，說：「如果你家有賊進入，只要是用鑰匙打開的家門，你來找我！」

老鎖匠漸漸老了，爲了讓他後繼有人，他有心物色徒弟。最後老鎖匠將一身技藝傳給了兩個年輕人。

過了一年，兩個年輕人有了一手技藝，但只能有一個人得到眞傳，老鎖匠決定用一次考試來確定。

老鎖匠拿來兩個保險櫃，分放在兩個房間，讓兩個徒弟去打開，看誰花的時間短。結果大徒弟只用了半個小時就完成任務，眾人都覺得大徒弟必勝無疑。老鎖匠問大徒弟：「保險櫃裏裝的是什麼？」大徒弟頓時兩眼放光：「有很多錢，全是百元大鈔。」老鎖匠轉過臉，二徒弟支吾了半天說：「師傅，我沒看，您只讓我開鎖，我就打開了鎖，但沒往裏看。」

老鎖匠很欣慰，鄭重宣布二徒弟爲他的眞傳弟子。大徒弟不甘心，眾人也很納悶，老鎖匠微微一笑：「人行事都要講一個『信』字，尤其是開鎖這個行業，更需要高尚的道德情操。我是要把徒弟培養成一個技藝高超的鎖匠，他心中只能有鎖而不能有任何雜念，對錢財視若無睹；否則，一點點貪欲就會雜念叢生，私心膨脹，登門入室或打開保險櫃簡直易如反掌，這對別人不負責，對自己更不負責。修鎖的人，心中要有一把永遠不能打開的鎖。」

大哲理：人心是把鎖，有時能打開，有時永遠不能打開，比如私心貪欲的那部分。打開了私心和貪欲，人生旅途中反而什麼都得不到。

張孝基還財

許昌這個地方有一個讀書人，名字叫張孝基，同鄉的一個有錢人見張孝基爲人正直誠實，就決定把女兒許配給他做妻子。於是張孝基就和富人的女兒結婚了。

那個富人有一個兒子，但是兒子品行不端，經常賭博，還時常出入城裏的酒樓和妓院，揮霍家裏的錢財，敗壞家裏的名聲。富人用盡了辦法，還是不能使兒子悔改，後來把兒子趕出了家門，和他斷絕了父子關係。

富人後來得了重病，張孝基和妻子盡心照料他，爲他請醫生買藥熬藥，但是仍然不見好轉。有一天，富人把張孝基叫到床前，對他說：「我這人命苦，雖然有萬貫家財，可是我兒子不爭氣，我不得不另找一個財產繼承人。我暗中觀察你很多年，覺得你人品不錯，就決定把這個家託付給你。我怕是活不了幾天了，今天我就把家裏的事交待一下，死也就安心了。」

於是，他讓管家拿出帳本和家裏的金錢財寶，一樣一樣講給張孝基聽。張孝基一一記下，還答應一定幫他管好家裏的事。過了些日子，富人眞的死了。張孝基遵照老人的囑咐，把家裏的事情管理得井井有條。

很多年以後，張孝基去城裏辦事，看見一個乞丐正跪在馬路邊要飯，仔細一看，原來是富人的兒子。於是就走上前問：「你能澆灌菜園嗎？」

富人的兒子回答：「如果澆灌菜園能讓我吃飽的話，我願意。」

於是張孝基就把他帶回家，讓他吃了一頓飽飯，然後就讓菜農教他灌溉菜園。富人的兒子很認眞地學，不久就已經做得很好了。張孝基覺得富人的兒子正在一點一點變好，想給他一些新的工作，就問他：「你能管理倉庫嗎？」

富人的兒子說：「能夠澆灌菜園，我已經很滿足了，這是我第一次靠自己的勞動吃飯；如果能管理倉庫，我是多麼幸運呀！」

此後，富人的兒子很認眞地管理倉庫，半年時間裏從沒出過任何差錯。於是張孝基就教他管家裏的帳目，富人的兒子不久也學會了。張孝基覺得富人的兒子已經能夠獨立管理家裏的一切事務了。

有一天，張孝基對富人的兒子說：「你父親臨死的時候，託付我幫他管理家裏的田產、財物，現在你回來了，也學會獨立做事了，我想我該把這個家還給你了。」

富人的兒子接管了家裏的事以後，勤儉持家，還經常幫助村裏的窮人，成爲鄉里的一個好人。

大哲理：將自己到手的財富和權勢讓與他人，很多人都是無法接受的，但世上就有這樣一些「傻子」，因爲他們知道，除了財產和權勢，他們還有別的東西值得追求，就是懂得感恩！有時候我們也不妨做一做這樣的「傻子」，它會帶領我們達到心靈的平靜。

彩票之福

艾南多是西班牙帕爾馬一家酒店的店主，不過眞正掌握大權的是他的老婆瑪麗亞。只要瑪麗亞說些尖刻的話，或狠狠地瞪他一眼，艾南多便會投降。

夏天的晚上，瑪麗亞回鄉下娘家去了，艾南多立刻變成另外一個人。有個賣彩票的小販戈登進了店，艾南多便說要看看彩票是些什麼號碼。

翻閱一遍後，他高叫起來：「好兆頭！天上來的好兆頭！」

他抓住戈登的手臂：「瞧，我是在本月14號生的。而這個號碼卻三次重複我的生日——14、14、14！我要買一百張彩票，一定中獎！」

店內頓時寂靜下來。一百張彩票至少要一百美元，這對一家小店來說是一大筆錢。

不久，中獎號碼出來了，戈登發現大獎的號碼果然在那一百張中間。

又過了幾個月，戈登再次來到艾南多的酒店，卻發現那裏似乎一點兒沒變。

戈登走進店裏，艾南多見戈登來了，高興地打招呼，並拿了瓶戈登喜歡的酒來。

「恭喜！」戈登向他道賀，「你成了百萬富翁了，有什麼變化嗎？」

戈登問艾南多，他卻古怪地笑笑。

「改變了許多。瑪麗亞知道後，大嚷大叫讓我賣掉全部的彩票。沒有辦法，我把它們全部賣給了朋友。」

「假如我是你，」戈登說，「開獎後想到我放棄的彩票中了大獎，我會抹脖子自盡。」

「我起初的反應也是那樣。可是中大獎的是誰？我的朋友。他們要感謝的是誰？是我。我是財運童子，所以我的生意從來沒有像現在這麼好過。」

「可是，要是你中了大獎，那些錢可以用來做好多事情……」戈登說。

「說真的，那我就很可能會做出傻事了。不過照現在我的情形，我已經贏得了花十億美元也買不到的東西。」

戈登聽後感到莫名其妙。

艾南多將瓶中的酒全部倒進戈登的杯裏：「我已贏得了大多數男人買不到的東西。我贏得了安靜、幸福的婚姻和聽話的妻子。」

他坐在椅子上略微轉身。「瑪麗亞！」他的聲音並不嚴厲，卻有平和的力量。門簾開處，瑪麗亞走了進來。和以前不同，她看起來不知怎麼的小了些，並且變得更快樂、更溫柔，更有女人氣質。

「給我們再拿點酒來。」他平和地說。

她面帶笑容地走向酒桶：「馬上就拿來，親愛的。」

大哲理：人們總是在談論金錢、幸福哪個重要，其實都是紙上談兵，有時做的和想的並不一致。只等眞正發生什麼事情，讓你必須選擇時，才會知道實際在你心目中哪個更重要。男主角就是在中獎這個節骨眼上才意識到安靜、幸福的婚姻和聽話的妻子，比金錢更重要。

其實，我們也不必都以他爲榜樣，因爲畢竟每個人都會有自己的價值判斷。重要的是你的選擇必須忠於你的內心，大可不必將別人的意見加諸自己，因爲只有我們需要對自己的選擇負責，而選擇就意味著有所得和有所失。

生財之道

幾乎沒什麼人到白玫瑰餐廳吃飯，老闆不知如何是好。餐廳裏的飯菜物美價廉，可是好像沒有人願意來吃。

後來老闆終於想出一個絕招，把情況改變了，幾個星期以來，他的餐廳總是擠滿了先生們和他們的女友。

原來，每當一位先生帶著一位女士進來，侍者就給他們每人一份印刷精美的菜單。兩份菜單從外表看來完全一樣，但內容卻大不相同。侍者給男人的那份菜單上標示的是正常價格，而侍者給女士們的那份菜單上的價格卻要高得多！所以當男人從容地點了一道道佳餚和飲品時，女士會覺得他比實際上要慷慨得多！

大哲理：成功之道在於爲他人著想。爲他人著想，人們才會感激你，同時才會也爲你著想，這就是你成功的時候。關照別人就是關照自己。

把金牌熔掉

一九三六年柏林奧運會上，當時最有希望奪得跳遠金牌的是美國黑人選手傑西．歐文斯。他是當時的一位田徑天才，一年前，他曾跳出八公尺一三的好成績。

預賽開始後，一位名叫盧茨．朗格的德國選手，第一跳就跳出了八公尺的不俗成績。盧茨．朗格的出色發揮，使歐文斯很緊張——這次比賽對他有著非同尋常的意義，當時，希特勒的「非猶太民族白種優越論」甚囂塵上，歐文斯想用成績證明這是個謬論！

由於心急，第一次試跳，歐文斯的腳超過了起跳板幾公分，被判無效。第二次試跳還是如此。如果第三次仍然失敗，他將會被淘汰出局，無緣進入決賽。但歐文斯顯然還是無法使自己平靜下來；只要歐文斯被淘汰，決賽中可以說冠軍就非盧茨．朗格莫屬了。

可是盧茨．朗格沒有選擇金牌，他選擇的是友誼——他走上來，拍了拍歐文斯的肩膀說：「你閉上眼睛都能跳進決賽。你只需跳七公尺一五就能通過預賽，既然這樣，你根本用不著踩上跳板再起跳——你為什麼不在離跳板還有幾公分的地方做個記號，在記號處就開始起跳——這樣，你無論如何也不會踩線了。」

歐文斯恍然大悟，照盧茨．朗格的話做了，輕鬆進了決賽。在決賽中，他發揮出了應有的水平，奪得冠軍。奪冠後，第一個上來向他祝賀的是盧茨．朗格。

後來，歐文斯在他的傳記中深情地寫道：把我所有的獎牌熔掉，也不能製造我對盧茨．朗格的純金友誼。而在我熔掉獎牌之前，盧茨．朗格在心中早已把他的金牌熔掉了。

大哲理：生活有時猶如比賽，目的就像掛在遠處的金牌，不斷招攬著我們的注意力，使我們無暇顧及目的之外的路邊風景，只是汲汲營營，疲於奔命。

有一幅漫畫，畫的是一隻老鼠騎在貓身上，貓馱著牠向前跑。老鼠爲什麼有這麼大的能耐？就是因爲牠手裏拿著一支長竿子，竿子上懸掛著一條魚。那魚就是我們的金牌。我們要想不做一隻受老鼠奴役的貓，辦法只有一個：把金牌熔掉。

一把咖啡壺

里蘭老街上有一個鐵匠鋪，鋪裏住著一位老鐵匠史密斯。由於人們不再需要他打製的鐵器，所以現在他改賣鐵鍋、斧頭和拴小狗的鏈子。

史密斯的經營方式非常古老和傳統。人坐在門內，貨物擺在門外，既不吆喝，也不還價，晚上也不收攤。你無論什麼時候從這兒經過，都會看到他在竹椅上躺著，眼睛微閉著，手裏拿著一台小收音機，身旁是一把咖啡壺。

史密斯每天的收入，正好夠他喝咖啡和吃飯。他老了，已不再需要多餘的東西，因此非常滿足。

一天，一個文物商人從老街上經過，偶然間看到史密斯身旁的那把咖啡壺——古樸雅致，紫黑如墨，有製壺名家的風格。他走過去，順手端起那把壺。

壺嘴處有一記印章，果然是名家楊格製作的。商人驚喜不已，因爲楊格在世界上有捏泥成金的美名。據說他的作品現在僅存三件，一件在美國紐約州立博物館裏，一件在英國博物院，還有一件在泰國一位美僑手裏。

商人想以十萬美元的價格買下那把壺。當他說出這個數字時，史密斯先是一驚，後來拒絕了，因爲這把壺是他爺爺留下來的，他們祖孫三代打鐵時，都喝這把壺裏的咖啡，他們的血汗也都來自這把壺。

壺雖沒賣，但商人走後，史密斯有生以來第一次失眠了。這把壺他用了近六十年，並且一直以爲是把普普通通的壺，現在竟有人要以十萬美元的價錢買下它，他轉不過神來。

過去史密斯躺在椅子上喝咖啡，都是閉著眼睛把壺放在小桌上，現在他總要坐起來再看一眼，這讓他非常不舒服。特別讓他不能容忍的是，當人們知道他有一把價值連城的咖啡壺後，蜂擁而至。有人問還有沒有其他的寶貝，有人甚至開始向他借錢，更有甚者，晚上還有人推他的門。他的生活被徹底打亂了，他不知該怎樣處置這把壺。

當那位商人帶著二十萬美元現金，第二次登門的時候，史密斯再也坐不住了。他召來左右店鋪的人和前後的鄰居，當眾把那把壺砸了個粉碎。

現在，史密斯還在賣鐵鍋、斧頭和拴小狗的鐵鏈子，至今他已經活到一百多歲了。

大哲理：在二十萬美元的咖啡壺和悠閒的生活，史密斯老人選擇了後者。因爲他明白事物的價值判斷並非金錢不可。大家都說金錢不是萬能的，但又有幾人能擺脫它的誘惑，在這個過程中，人們往往失去了一種滿足的心態而不自知。

什麼才能使你快樂？快樂悠閒的生活，難道不是比價值二十萬美元的咖啡壺更無價嗎？

不要因爲錢少而感覺受辱

從莫斯科到波良納約有二百公里，有個旅者卻很喜歡步行走過這段長長的旅途。他總是背著一個大背包，沿途與那些流浪的人結伴而行。

雖然，大家對這位旅者很熟悉，但是，沒有一個人知道他的姓名與來歷，只知道他是個喜歡步行的旅者。

這段路程要花五天的時間，旅者的食宿都在路上解決，或隨便向農家借宿，偶爾他也會走進火車站，到三等車廂的候車室裏歇息。

有一回，他又準備進入候車室裏小歇，但是這時候候車室裏擠滿了人，於是他便到月臺上走走，想等人少以後再進去休息。

就在這個時候，旅者忽然聽見有人招呼他。

原來是車上的一位夫人在叫他：「老頭兒!老頭兒!」

旅者連忙轉身，看見有人朝他不停地招手，便上前去詢問：「夫人，請問有什麼事嗎？」

坐在火車上的太太著急地說：「麻煩您，快到洗手間去，我把手提包遺落在那裏了！」

旅者一聽，連忙跑到洗手間尋找，幸好手提包還在，於是他連忙把它拿了出來。那位太太一見，非常開心地說：「謝謝您了！這是給您的賞錢。」太太遞給了旅者一枚五戈比的銅錢，而旅者也欣然接受。

旅者轉身準備離去，就在這時，這位太太身邊同行的旅伴卻問：「知道妳把錢給了誰嗎？」

太太不解地看著她的夥伴，只見她的朋友帶著驚喜的口吻說：「他是《戰爭與和平》的作者——托爾斯泰啊！」

這位太太一聽，吃驚地說：「是嗎？眞的嗎？天哪，我在做什麼呢？托爾斯泰啊！看在上帝的份兒上，請原諒我的無知，請把那枚銅錢還給我吧！唉，我把它給了您，眞是不好意思，哎呀，我的天，我是在做什麼呢？」

旅者聽見太太的呼喊聲，便轉過身，笑著說：「您不必感到不安，您沒做錯任何事，這五戈比是我自己賺來的，所以我一定要收下！」

火車鳴笛了，開始緩緩啓動，雖然那位太太仍內疚地請求歸還，然而，托爾斯泰卻帶著滿臉微笑，目送著火車遠去。

大哲理：生活中的每一個小動作，都有著無限意義，就像故事中的「五戈比」，是羞辱還是尊重的賞賜，施者與受者可以有不同的感受。那麼，這個賞金代表著什麼意義呢？

無論如何，對托爾斯泰來說，他用自己的勞動獲得賞錢，一切合情合理，並不會因爲這個區區的五戈比，而失去生命的價值。因爲——因「付出」而「收穫」是天經地義的事，只有那些不勞而獲的乞討者，才是可恥的。

我們不必因爲錢少而感覺受辱，也不必把財富視爲萬能，因爲，金錢的價值並不能用來衡量生命的價值。就像托爾斯泰一樣，即使只有一枚銅錢，他也能證明「有付出才有收穫」的生活道理，而且從托爾斯泰的堅持裏，更加展現出他不凡的生命視野。

CHAPTER 3

第三輯

個性推銷與致富經營

切勿做一個只在山腳下轉來轉去的毫無登山意志的人。必須盡自己的體力，攀登上去。有此宏願，即使技術不夠，最終也還是可以登上山頂。

——柴田和子

我相信，推銷活動眞正的開始是在成交之後，而不是之前。

——喬·吉拉德

構思獨到 一鳴驚人

日本一家造紙廠，每天都要產生大量的紙漿廢液，如何處理掉這些廢液，以避免污染環境呢？廠裏召集職工展開了熱烈的討論，但大多數人提出的都是諸如「提高爐溫」、「把廢液烘乾」、「加入燃油一同焚燒」等普通的提案，這些提案經試驗後，全都沒有價值。

後來有一位普通職員提供了一項「反常思維」的創意，就是「將砂子混入紙漿廢液，從爐子下方噴入空氣，使之燃燒」。這項創意，似乎非常荒謬，因爲砂子並非易燃物，怎能助燃呢？該廠的科研人員抱著「姑且一試」的心理，進行了小試。結果出人意料，廢紙漿燃燒得非常充分，效果出奇地好。

原來從下方噴入空氣後，飛砂可使廢漿化爲細微的粒子，由於與空氣的接觸面積大，所以也易於燃燒。此後，這種新型的「流動爐」便告誕生，並很快地在全世界普及開來。兼營這種爐子的造紙廠當然也獲利甚豐。

大哲理：只有「求奇」與「創新」，這樣開發的產品才容易有所突破，引人注目，最後獲得「出奇制勝」的效果。而那些落入俗套的普通發明，由於新穎性較差，發明品不吸引人，銷售量無法提高，甚至沒有銷路。

名正言順

在日本的攝影膠卷市場，目前由三家公司瓜分。其中兩家是日本公司，領先的是富士公司，另一家則是櫻花公司。二十世紀五十年代，櫻花公司在膠卷市場上有超過一半以上的占有率，然而，富士的市場占有率卻越來越大，櫻花公司則是節節敗退。根據市場調查顯示，造成這一狀況的問題不在產品質量上，櫻花牌膠卷是受到了商標的拖累，在日本，「櫻花」這個名字代表軟性的、模糊的、桃色的形象。相反地，「富士」這個名字則與日本聖山的藍天白雪聯繫在一起。櫻花牌膠卷受制於這一不幸形象，各種強大的廣告攻勢均收效甚微。

大哲理：英國偉大劇作家莎士比亞曾說過：「玫瑰不論取什麼名字，聞起來都是香的。」這話未必正確。我們仔細想一下，如果玫瑰取了另外的名字，你聞起來可能就永遠比不上原來你心目中那朵玫瑰的芬芳了。可見，「名字」也能極大地改變人的感覺。在商場上，名字的好壞，將直接影響商品的市場占有率。

最要緊的是推銷自己

三十五歲以前，喬．吉拉德百事不順，作什麼都以失敗告終。他換過四十種工作，仍一事無成，甚至當過小偷，開過賭場。他從事的建築生意也慘遭失敗，身負巨額債務，幾乎走投無路。

然而，誰能想像得到，這樣一個誰都不看好的倒楣鬼，竟然在短短三年內大走鴻運，他爬上了世界第一：售出一萬三千多輛汽車，創造了商品銷售最高紀錄，因而被載入金氏世界紀錄；全世界的普遍水平是每週賣七輛車，而喬．吉拉德每天就可以賣出六輛。

喬．吉拉德四十九歲便急流勇退——退休了。如今滿世界跑，向眾多企業精英傳授他最重要的經驗：推銷員並非在推銷產品，而是在推銷自己。

生意的機會遍佈於每一個細節。他有一個習慣性細節：只要碰到人，左手馬上就會到口袋裏去拿名片。去餐廳吃飯，他給的小費每次都比別人多一點點，同時放上兩張名片。因爲小費比別人多，所以人家肯定要看看這個人是做什麼的。他甚至不放過看體育比賽的機會來推銷自己。在人們歡呼的時候，他把名片拋灑出去，就如同天女散花。

「我打賭，如果你從我手中買車，到死也忘不了我，因爲你是我的！」他把所有客戶資料做有系統的建檔。他每月要發出一萬張名片，無論買車與否，只要有過接觸，他都會讓人們知道喬・吉拉德記得他們。他認爲這些名片與垃圾郵件不同，它們充滿愛。而他自己每天都在發出愛的資訊。他創造的這套客戶服務系統，被世界五百強中許多公司採用。

許多人寧可排長隊也要見到他，買他的車。金氏世界紀錄查實他的銷售紀錄時說：最好別讓我們發現你的車是賣給出租汽車公司，而確實是一輛一輛賣出去的。他們試著打電話給買車的人，問他們是誰把車賣給他們，幾乎所有人的答案都是「喬」。令人驚奇的是，他們脫口而出，就像喬是他們熟識的好友。在生意成交之後，喬總是把一疊名片和獵犬計畫的說明書交給顧客，並告訴顧客，如果他介紹別人來買車，每賣一輛他會得到二十五美元的酬勞。這還不算，以後他每年都會收到喬的一封附有獵犬計畫的信件，提醒他喬的承諾仍然有效。

大哲理：人們都喜歡自己來嘗試、接觸、操作，人們都有好奇心。不論你推銷的是什麼，都要想方設法展示你的商品，而且要記住，讓顧客親身參與，如果你能吸引住他們的感官，那麼你就能掌握住他們的感情了。這樣你在推銷自己時，便能借顧客之力，尋找新的顧客。

一條腿的軍人

法國一個偏僻的小鎮，據傳有一個特別靈驗的水泉，常會出現神蹟，可以醫治各種疾病。有一天，一個拄著拐杖、少了一條腿的退伍軍人，一跛一跛的走過鎮上的馬路。旁邊的居民帶著同情的口吻說：「可憐的傢伙，難道他要向上帝請求再有一條腿嗎？」這一句話被退伍的軍人聽到了，他轉過身對他們說：「我不是要向上帝請求有一條新的腿，而是要請求上帝幫助我，教我沒有一條腿後，也知道如何過日子。」

大哲理：學會爲所失去的感恩，也接納失去的事實，不管人生的得與失，總是要讓自己的生命充滿亮麗與光彩，不再爲過去掉淚，努力活出自己的生命。經營者面對已經發生的問題，應該將主要精力放在解決問題上，而不是幻想或埋怨上。

擊破玻璃賞千金

近年來，建築界對薄而強度大、又不易破碎的玻璃產品，需求日益增多，尤其是在安全性要求很高的建築物上，如銀行、珠寶店的門面，特別是監獄和勞教所，因爲一些國家政府規定，要求所有新建的勞教所窗戶要用玻璃代替鐵條，以改善勞教所的環境。面對社會需求，美國歌露博－亞美提公司抓緊時機開發了一種新產品：由四層夾層組成的「安全－輕便4x」強型玻璃，這種玻璃強度高，能經受重擊而不碎。產品是開發出來了，但怎樣使這種產品立刻、廣泛地被建築學界所認識呢？

爲此，該公司邀請哈西－洛特曼公共關係公司協作，選擇了密爾沃基市作爲宣傳這種新產品的舞臺。此時恰逢美國勞教所委員會在該市召開會議。他們利用這一機會舉辦了一次新產品展覽。

這次展覽安排得非常巧妙：他們把這種新產品鑲在框架上，右上角貼上「安全－輕便4x」的標籤，玻璃背面貼著一張一千美元的支票，旁邊放著幾根球棒，告示上寫著「擊破者有獎」。他們邀請參觀展覽的人，每人向玻璃打擊三次。並告訴大家：如果誰能擊破玻璃拿到那張支票，誰就將得到一千美元；如果沒有人能擊碎玻璃，這一千美元將捐獻給慈善單位。

展覽那天，他們還邀請了新聞界的記者及攝影師參加，請他們做打玻璃的試驗，把玻璃強度報告及介紹這一產品的材料發給他們。結果，參加者沒有一個人能打破玻璃得到那張支票。因此，展覽結束後，他們舉行了捐款的隆重儀式，正像他們所預料的那樣，這些活動得到了報界、電臺、電視臺的廣泛宣傳報導。報導說，歌露博－亞美提公司的產品質量上乘——打不破的薄玻璃。

至此，這家公司的營銷宣傳活動並沒有結束，他們趁熱打鐵，複印了大量介紹該種玻璃的剪報，連同信件寄給所有建築界有決策權的人物，經過這一系列的營銷攻勢，公司收到了大量訂貨單。眞可謂三球棒「先聲奪人」，打出了大生意。

大哲理：營銷，皆是以巧爲貴，以實爲本。「先聲奪人」就是把產品、企業應享之名，以巧妙的手法向外傳揚，一鳴驚人地迅速奪取潛在市場，這就是企業贏得產品暢銷的眞諦所在。

趁火打劫

日本蛇目公司是日本乃至在世界上都占有重要地位的縫紉機生產廠家，而其發跡之道卻有非同尋常之處。一九五一年，日本發生大水災，許多家庭的縫紉機都被浸泡得面目全非。於是，日本最暢銷的「蛇目」牌縫紉機公司決策機構當即下令，命各地生產及經銷部門積極加班，替全日本各家庭作免費維護修理；如果人手不足，可以破例僱用臨時工作人員加以支援。結果花了一個月的時間，總共修護了八百四十餘萬台，而其中「蛇目」牌產品僅占35％。

表面上看蛇目公司是做了一件虧本的事，其實這是一個增加消費者認識的大好時機，很容易在消費者心目中建立高層次的形象。所以，許多同行競爭者在蛇目公司「趁水打劫」的行動中，喪失了許多既有市場，也形成了今日蛇目公司獨步日本乃至世界的基礎。

大哲理：「敵之害大，就勢取利，剛決柔也。」這是兵法三十六計中的勝戰計之一「趁火打劫」。原意講的是：敵方的危機很大，就要乘機出兵攻擊，奪取勝利。這是強者趁勢擊敗處於厄境之敵的策略。把此計用於商戰競爭中，就是因「時」因「勢」，尋找市場及競爭者的漏洞和不足之處，順勢大作文章，搶奪市場。

推銷之前

某公司一位優秀推銷員到一家百貨商場去推銷，第一次，人家告訴她：「我們不要貨。」第二次又去，人家只說：「我們不打算進別家的貨。」她終於明白這樣推銷不行，就先到櫃檯去調查，摸清了情況之後，有一次中午顧客不多，看到管進貨的組長正在值班，就湊過去聊天，她說：「像你們這樣的大型綜合商店，貨品應該齊全。」

組長問：「怎麼不全?」

她回答：「我說幾種罐頭你們這裏就沒有。」

組長回頭看看貨架上果然沒有。

她又接著講：「按批發零售差價折算，你們的貨進價太高了，同樣的貨品進價可以更便宜。」看到組長很感興趣，她馬上表明身分，並向組長表示：「你們沒有的貨我們公司有，其他貨從我們這裏進更便宜」。組長同意了，從此建立起長期合作關係。這說明瞭解情況與不瞭解情況，推銷的效果大不一樣。

大哲理：推銷需要勇氣，但絕不能理解爲盲目行動。成功的推銷基礎是對顧客的理解，因而事先需要進行調查瞭解情況，掌握必要的資料。只有掌握了必要的資料，才能進行針對性的說服。從這一意義上講，有效的推銷產生於推銷之前。

攻占市場空檔

以生產安全刀片而著稱於世的美國吉列公司，在一九七四年作出了一個「荒唐」的舉動，推出女用的雛菊牌專用「刮毛刀」，同業都以爲吉列發瘋了。結果竟然是一炮打響，暢銷全美國。銷售額已達二十億美元的吉列公司又發了一筆橫財。是偶然？是巧合？還是瞎貓撞上了死老鼠？統統不是。

一九七三年，吉列公司在市場調查中發現，美國八千三百六十萬名三十歲以上的婦女中，大約有六千四百九十萬人爲了自身美好的形象，要定期刮除腿毛和腋毛，這與她們的衣著趨向於較多的「暴露」不無關係。調查者還得到這樣的統計資料，即在這些婦女中，除約有四千多萬人使用電動刮鬍刀和脫毛劑外，有兩千多萬人主要是透過購買各種男用刮鬍刀來美化自身形象，一年的費用高達七千五百萬美元。這是一筆很大的開銷，絲毫不亞於女性在其他化妝品上的支出。無疑地，這是一個極富誘惑力的潛在市場，誰能搶先發現它、開發它，準將大發利市。

根據市場調查的結果，吉列公司在雛菊牌刮毛刀的設計和廣告宣傳上，也非常注重女性的特點。例如，刀架不光採用男用刮鬍刀通常使用的黑色和白色，而且還選取色彩絢爛的彩色塑膠以增加美感；把柄上還印壓了一朵雛菊圖形，更是平添了幾分情趣。把柄由直線型改爲弧形，以利於女性使用，並顯示出女性刮毛刀的特點。廣告宣傳上則是著力強調安全，不傷玉腿，這也是在調查中廣泛徵求女性意見後而做出的決策。

總言之，吉列公司決定生產女性刮毛刀，絕非心血來潮、異想天開，而是基於周密的市場調查而做出的積極而又愼重的結論。產品的式樣或促銷、廣告宣傳的重心，也不是光憑主觀想像，同樣是來自於實地調查。因此，他們的成功絕非偶然，他們的成功在於切實把握了女性消費者的特殊需求傾向，而這恰恰是被其他同行忽略了。最終那些原先嘲弄吉列公司荒唐可笑的同行們，也只能眼睜睜地看到「肥肉」落入他人之口，只能陷入莫名的悲哀。吉列公司在對手認爲無利可圖甚至是不可能的市場裏，獲得了巨大成功。

大哲理：成功的因素常常存在於對立面之中，在最大的不可能中，存在著最大的可能性。有這麼一個笑話，曾經有兩個強盜，在經過絞刑架時，其中一個說：「假使世間沒有絞刑架這一類刑具，我們的職業眞是很好的一種啊！」另一個強盜則不以爲然，狡黠地笑笑說：「呸，笨蛋！絞刑架是我們的恩人，假如世界上沒有了絞刑架這一類刑具，那許多人都要做搶劫的勾當。那時，你我兩個的買賣，豈不反而做不成了嗎？」很顯然地，「不可能」與「可能」是相互轉化的。

消費者的需求偏好不斷變化，新的需求不斷形成，原有的需求也會萎縮或者轉移，使市場總是動態的發展變化。

人情味

有一名推銷員到一家商場去推銷，這家商場還是老客戶。當到了經理室時，經理顯得特別高興，他熱情地招呼這位推銷員坐下，興致勃勃地說：「我告訴你，我女兒考上大學了！」結果，這位推銷員只點了一下頭，接著就問：「您看下個月的貨要訂多少？」沒想到經理刷地變了臉色，不耐煩地說：「下個月不訂了！」推銷員又問：「那以後呢？」經理乾脆說：「以後你別來了！」看起來，缺乏人情味的人很難勝任推銷工作。

大哲理：推銷時要注意推銷以外的事情，也就是那些被稱之爲人之常情的事情。推銷員應當經常想想這些問題：怎樣把必須買轉化爲才能購買；對顧客來講，值得買的不如想要買的；要理解顧客對於失去的恐懼大大超過得到的欲望；推銷應是幫助他人滿足某種願望；顧客只有明白產品會爲自己帶來好處才會購買。如果把這些問題想通了，說明推銷員對人的理解達到了一定的層次，推銷成功的機率自然就會大大增加。

曲突徙薪

有位客人到張某家裏做客，看見張家的灶上煙囪是直的，旁邊又有很多木材。客人告訴張某說，煙囪要改曲，木材須移去，否則將來可能會有火災，張某聽了沒有作任何表示。

不久張家果然失火，四周的鄰居趕緊跑來救火，火被撲滅之後，張某烹羊宰牛，宴請四鄰，以酬謝他們救火的功勞，但並沒有請當初建議他將木材移走、煙囪改曲的人。

有人對張某說：「如果當初聽了那位先生的話，今天也不用準備筵席，而且沒有火災的損失，現在論功行賞，原先給你建議的人沒有被感恩，而救火的人卻是座上客，眞是很奇怪的事。」張某頓時省悟，趕緊去邀請當初給予建議的那個客人來喝酒。

大哲理：俗話說：「預防重於治療」，能防患於未然，更勝於治亂於已成。作爲企業，產品的售後服務固然非常重要，而產品的設計與生產質量控制更重要，依靠良好的售後服務贏得顧客，不如提供良好、優質的產品。

醉翁之意不在酒

美國李維牛仔褲公司，把一批新產品拿到英國市場上去銷售。銷售員想方設法，不久就在倫敦街頭「演出」了這樣一幕：他們將各類型號的牛仔褲當眾掛起來，待有一定數量顧客時，突然宣布：「這些褲子免費贈送，請您任意取下。」

剛開始，一些顧客還不相信這些牛仔褲竟是該公司的大贈送，當事實使他們確信無疑時，個個爭先恐後地圍上去「搶」個痛快。

被搶的牛仔褲數量是有限的，但促銷的效果卻是驚人的。僅幾次這樣的街頭「演出」，便使公司的牛仔褲知名度在倫敦城大大提高，每個攤位前常常顧客雲集。如此效果，奧妙何在？他們把顧客「搶」牛仔褲的鏡頭拍下來，既製成廣告單張貼在街頭，又在電視上大作廣告宣傳，造成一種牛仔褲在倫敦很搶手的聲勢，因而吸引了不少顧客光顧購買。

大哲理：醉翁之意不在酒，在乎山水之間也。這種利用顧客爲自己推銷的辦法，既銷售了產品，又節省了大量的行銷成本，正可謂一舉兩得，其樂無窮。

改變思路

日本旭光電腦公司業務員大村博信初出茅廬，推銷產品口若懸河，陳述產品性能如何好，顧客往往沉默不語，業績很不理想。他沮喪地踱進公司餐廳，獨自喝著悶酒。鄰桌是大竹帶著她的兩個孩子在吃午餐，男孩子名叫新野，有什麼吃什麼，長得很壯實。他妹妹叫阿信，卻喜歡挑食。大竹要阿信吃菠菜：「媽希望妳多吃菠菜，不注意營養怎麼行？」

阿信執意不聽，大竹反覆勸說，一點也不見效。大村博信嘆息：「這位太太的菠菜和我的電腦一樣，推銷不出去了。」

服務員小姐走進阿信身邊，在她耳邊輕語兩聲，阿信就大口地吃起菠菜。大竹感到很奇怪，問服務員小姐對阿信說了什麼。

「新野不是欺負妳嗎？吃了菠菜，可以長得比他強壯，更有力氣，他就不敢再欺負妳了。」

人喜歡做能滿足自己需要的事情，大竹讓阿信吃菠菜，僅是她的需求；而服務員小姐所說，則讓阿信覺得吃菠菜是必須的。大村博信深受啓發，改變行銷方式，見到顧客不再滔滔不絕地宣傳，而是先問對方：「貴公司最關心的是什麼？」

他採用關心對方的提問法，使得顧客不得不說話，他自己則專心傾聽。某紡織公司負責人回答：「我們最頭疼的問題是如何減少存貨，如何提高利率。」

大村博信回到電腦公司後，找專家討論如何使用本單位的電腦，就能使對方的存貨減少，利率相應地增加。問題解決好後，他再去造訪紡織公司時，出示這些資料，採購部負責人聽後，覺得很滿意：「照你的說法，我們最頭疼的問題解決了，我們決定向你購買電腦。」大村博信電腦得以順利銷售，因爲紡織公司不會放棄對利潤的追求。

大哲理：產品是面向客戶的，客戶對產品的認可是企業生存和發展的基礎。人總是更多地關心自身的發展，與自身不相干的事情，即使是卓越的東西，人們都沒有深層的興趣。

銷售時過分強調產品的卓越性，不注重客戶的潛在需求，無形中會造成與客戶的隔閡：你的產品確實優秀，但不能幫我解決問題，我還不如購買性能稍次、卻能解決問題的產品。

消費者購買產品，首先是因爲產品具有針對性，其次是看產品有無卓越性能。營銷要大膽地改變思路：先弄清客戶面臨的問題，再分析自己能爲客戶解決什麼問題，將兩者聯繫起來，採取曲線營銷的策略，營銷的效果就好得多。

火車站的殘障人士

有一個人經過熱鬧的火車站前，看到一個雙腿殘障的人擺設鉛筆小攤，他漫不經心的丟下了一百元，當做施捨。但是走了不久，這個人又回來了，他抱歉的對這位殘障者說：「不好意思，你是一個生意人，我竟然把你當成一個乞丐。」

過了一段時間，他再次經過火車站，一個店家的老闆在門口微笑喊住他，「我一直期待你的出現，」那個殘障的人說，「你是第一個把我當成生意人看待的人，你看，我現在是一個眞正的生意人了。」

大哲理：作爲專案經理，要時時刻刻去鼓勵員工。不是缺少千里馬，而是缺少伯樂。

牽牛

有一次，美國大思想家愛默生與獨生子欲將牛牽回牛棚，兩人一前一後使盡所有力氣，怎麼樣牛也不進去。家中女傭見兩個大男人滿頭大汗，徒勞無功，於是便上前幫忙，她僅拿了一些草讓牛悠閒的嚼食，並一路餵牠，很順利地就將牛引進了欄裏，剩下兩個大男人在那裏目瞪口呆。

大哲理：當我們向客戶推銷業務時，要對客戶說他們想聽的話，而不是您自己想說的話。要知道客戶所需要的是什麼，然後針對其需要，說些他們想聽的建議和利益，而不是硬向客戶推銷您想賣出去的產品。

記住，釣魚時用的魚餌，不是您所喜歡吃的東西，而是魚最喜歡吃的食物。您與客戶交談溝通時，勿忘「投其所好」。

一個髮夾

國王有七個女兒，這七位美麗的公主是國王的驕傲。

她們那一頭烏黑亮麗的長髮，遠近皆知，所以國王送給她們每人一百個漂亮的髮夾。

有一天早上，大公主醒來，一如往常地用髮夾整理她的秀髮，卻發現少了一個髮夾，於是她偷偷地到了二公主的房裏，拿走了一個髮夾。二公主發現少了一個髮夾，便到三公主房裏拿走一個髮夾；三公主發現少了一個髮夾，也偷偷地拿走四公主的一個髮夾；四公主如法炮製拿走了五公主的髮夾；五公主一樣拿走六公主的髮夾；六公主只好拿走七公主的髮夾。

於是，七公主的髮夾只剩下九十九個。

隔天，鄰國英俊的王子忽然來到皇宮，他對國王說：「昨天我養的百靈鳥叼回了一個髮夾，我想這一定是屬於公主們的，而這也真是一種奇妙的緣分，不曉得是哪位公主掉了髮夾？」

公主們聽到了這件事，都在心裏想說：「是我掉的，是我掉的。」可是頭上明明完整的別著一百個髮夾，所以都十分懊惱，卻又說不出口。只有七公主走出來說：「我掉了一個髮夾。」話才說完，一頭漂亮的長髮因爲少了一個髮夾，全部披散了下來，王子不由得看呆了。故事的結局，當然的是王子與公主從此過著幸福快樂的日子。

大哲理：爲什麼一有缺憾就拚命去補足？一百個髮夾，就像是完美圓滿的人生，少了一個髮夾，這個圓滿就有了缺憾；但正因爲缺憾，未來就有了無限的轉機，無限的可能性，何嘗不是一件值得高興的事！

你能找個理由難過，你也一定能找到快樂的理由。在競爭激烈的商海中，有缺憾的地方，也許正是你的轉機。

洛克菲勒的女婿

在美國一個農村，住著一個老頭，他有三個兒子。大兒子、二兒子都在城裏工作，小兒子和他住在一起，父子相依爲命。突然有一天，一個人找到老頭，對他說：「尊敬的老人家，我想把你的小兒子帶到城裏去工作？」老頭氣憤地說：「不行，絕對不行，你滾出去吧！」

這個人又說：「如果我在城裏給你的兒子找個對象，可以嗎？」老頭搖搖頭說：「不行，快滾出去吧！」這個人繼續說：「如果我給你兒子找的對象，也就是你未來的兒媳婦是洛克菲勒的女兒呢？」老頭想了又想，終於讓「兒子當上洛克菲勒的女婿」這件事打動了。

過了幾天，這個人找到了美國首富石油大王洛克菲勒，對他說：「尊敬的洛克菲勒先生，我想爲你的女兒找個對象？」洛克菲勒說：「快滾出去吧！」這個人又說：「如果我爲你女兒找的對象，也就是你未來的女婿是世界銀行的副總裁，可以嗎？」洛克菲勒終於同意了。

又過了幾天，這個人找到了世界銀行總裁，對他說：「尊敬的總裁先生，你應該馬上任命一個副總裁！」總裁先生說：「不可能，這裏這麼多副總裁，我爲什麼還要任命一個副總裁呢，而且必須『馬上』？」這個人說：「如果你任命的這個副總裁是洛克菲勒的女婿，可以嗎？」總裁先生當然同意了。

大哲理：有些事情只要你去做，就會有成功的可能！很多不可能實現的事，只要你去做，就有百分之九十九的成功機率。故事中的主角可能僅僅就比一般人多了1％的運氣而已。現實中，這就看你如何去整合這個世界，整合其他部門，整合你的下屬，運用一切能夠利用的資源，去爲看似遙遠的目標而努力。

推銷員的信心

有一位賣地板清潔劑的推銷員到一家飯店去推銷，剛推開經理室的門，發現先一步已有一家公司的推銷員正在推銷地板清潔劑，而且經理已表示要購買，後進來的推銷員湊過去看了看，說：「經理，我也是推銷地板清潔劑的，不過我的產品質量比他的好！」先到的推銷員瞪起眼睛，說：「何以見得？」後進來的推銷員將自己推銷的清潔劑往地上一潑，擦了兩下之後說：「換你來！」先進來的推銷員呆了，不知道怎麼對付。飯店經理於是對先來的推銷員說：「你以後別來了，我要這家的產品。」

大哲理：在推銷的競爭中，誰有信心，誰就能贏得機會。信心是推銷的一個重要因素。凡事都往壞處想，在開始行動之前找好了失敗的藉口，就很難有好成績。樹立推銷信心不是給自己壯膽，而是要相信自己的產品、自己的公司和自己的能力。

敢賣敢買開創局面

「丹斯里」是馬來西亞國家元首授予功德兼隆者的一種榮譽勳銜，能獲此殊榮者寥寥無幾，而華人駱文秀就是其中之一。

一九二五年，年幼的駱文秀隨父母由大陸漂洋過海來到馬來西亞。父親難以負擔全家的生活，因此，年僅十一歲的駱文秀就到一家汽車修理廠當徒工。當時，徒工三年無薪金，只給一點伙食費而已。爲了賺錢回家，駱文秀利用晚上時間包洗幾部巴士，一部只值一毫錢，經常做到深更半夜。三年藝成後，他成爲一名年輕有爲的汽車修護師傅。

他平時省吃儉用，積累了一點錢，就和朋友合夥買了一部中巴，經營運輸業。經過幾年努力，巴士由一部變成兩部，兩部變成四部……，後來，檳城有位繼承了巨額遺產的闊少爺，企圖壟斷全馬來西亞的巴士行業，公開以市價的兩倍收購所有的巴士，駱文秀以開拓者的敏銳眼光和果斷氣魄，斷然把幾十部巴士全拋售出去，不久，那位闊少因不善經營，公司倒閉，又將所購的巴士以市價的一半拍賣。駱文秀抓住時機，即用賣巴士的那筆錢買進，一賣一買，他擁有的巴士一下子增加了四、五倍。這時，駱文秀便與政府簽訂巴士路線專營權，打開了獨當一面的新局勢。

大哲理：經營就像爬坡一樣，不能只求片面的擴大經營、只顧前進發展。如果經營者能夠在經營的每一階段，充分地利用中途休息的機會，一方面可以稍作調整，養精蓄銳，以利衝刺；另一方面借此機會環視四周與前方，看是否有障礙與危險，在確信沒有危險之後再全速前進。只有如此，經營者才能安全順利地到達事業的制高點。

虧本經營

古德製藥廠是美國著名的企業家哈默的父親投資開辦的，長期以來由於經營管理不善，產品銷售不出去，已面臨破產。哈默接手後，便對美國醫藥市場進行了深入的調查研究，決定對這家藥廠進行大規模的改造，特別是在產品銷售上做個突破。

當時，美國藥品銷售有個慣例，各家藥廠生產的藥品，都是把小包裝的樣品散發給住在藥廠附近地區的醫生，經過這些醫生試用後，如覺得滿意，則開出藥方，讓病人購買整瓶、整包的藥。

哈默在他的古德製藥廠研製出一批品種齊全、功效卓著的藥品後，決定不按各藥廠的習慣做法。他的工廠送出的藥物樣品不是小包的，而是大包的，甚至是一大罐；送樣品也不像其他藥廠用郵寄方式，而是由本廠工作人員直接送到醫生那裏，與醫生直接見面。哈默買了各城市的地圖，把每個城市分成若干個區，指定本廠職工分區攜帶大包裝樣品和他親自執筆的宣傳廣告資料，去挨家挨戶拜訪醫生們和附近的藥房。

古德製藥廠的員工，對哈默作出直接免費送樣品到醫生那裏去的決策是理解的，但對他規定要大包大包地把藥物樣品送出迷惑不解，大家對於這樣大量免費送出藥物，帶來企業大量虧本更是怨聲載道。

哈默這一決策是基於這樣一個道理：各製藥廠把小包的藥物樣品分送給醫生，醫生接受了小小的樣品，特別是那些沒有名氣的小廠的樣品。由於送來廠家很多，要麼隨手扔掉，要麼放到藥櫃最偏僻的角落，這樣，樣品發揮不了應有的作用。哈默決定送出大包裝樣品，大得使任何一個醫生都無法把它扔掉或者擱置起來。另外，這樣可以給醫生一個「有信譽和有實力」的印象。這種做法雖然支出的費用增多了，但卻起到了該起的作用。

哈默這一決策在開始的短暫時間裏是虧本的，甚至血本無歸。然而，幾個月過去後，訂單陸續湧來了。不久，古德製藥廠譽滿全國。隨著業務的擴展，古德製藥廠改名爲「聯合化學藥品公司」，成爲世界有名的大企業。看來，哈默的「虧本經營」決策無疑是「放長線釣大魚」。

大哲理：經營上的「虧本經營」決策，實際上是一種「欲取先予」的謀略。經營者爲了擴大銷售，贏得利潤，先要做好各種促銷工作，付出一定的代價，可以說是「拋玉引市」之術。當然，經營者要作「虧本經營」決策去達到「拋玉引市」，必須首先對自己經營的產品有個估價，是否適合目標市場的消費需求。如果連這些起碼的情況都不瞭解，所拋出的「玉」猶如沉入大海，引不出「市」的可能性極大。其次，要調查目標市場的胃納量及價格、稅收、管理體制等情況，以利衡量該不該「拋玉」。

空手道：無本萬利

美國富頓公司董事長喬治．富頓，看到紐約市每天產生的大量垃圾，不僅沒被利用，反而污染環境，成爲公害，痛心萬分。他想：如果能利用這些垃圾來製造一些有用的東西，解除垃圾公害，不是一件好事嗎？於是，他專心致志地研究，終於提出了利用壓縮機將混合有焦油的垃圾壓成硬塊，經燒製後用作建築材料的想法。

富頓很快將這個想法形成一個實施計畫，專門設立了「環境淨化公司」。首先設計出垃圾處理機，並將它安裝在處理工廠，又在垃圾處理工廠的區域內，設立數十個垃圾處理站；而後，與每個家庭定下合同，每月支付給富頓公司垃圾清理費十美元，由公司負責收集垃圾。這樣，富頓公司不僅收入了一筆可觀的垃圾清理費，又用這些白得的原料製造建築材料供應市場，眞是一個無本萬利的行業。

大哲理：二十一世紀的商業競爭，是智慧的較量，創意的博鬥。企業的經營必須借助於創造才能、發揮「魔力」，才能成功。一種思維方式只有跳出了人們所固定的思維定勢，才容易啓發創造性靈感。國外許多企業的經營者借助和運用了這種科學的思維方式，來指導企業的經營活動，取得了非同凡響的功效。

「巧妙點化」市場營銷策略，是企業經營者大施「空手道」獲取大利的成功法寶。此策略可用於新產品開發、產品營銷、人才的多向培養與綜合利用等諸多方面，它爲企業的經營開拓了一個廣闊的天地。

捨博求微由「小」得大

日本尼西公司原是一家僅有三十多名員工，從事生產雨衣的小公司，因產品滯銷，公司醞釀轉產。有一次，公司董事長多川博偶爾看到一份人口普查資料，得知日本每年出生嬰兒數達二百五十萬人。他想，每個嬰兒一年用兩包尿布，一年就需要五百萬包，如果再銷往國外，市場就更加廣闊。於是他果斷決策：轉產尿布。結果，幾年功夫，該公司生產的尿布就占領了日本市場，並占世界銷售總量的30％。多川博由此成爲世界著名的「尿布大王」。

大哲理：「捨博求微」，即捨棄博大、流行、引人注目的產品市場，選擇微不足道、易被人忽視的、用途獨特的那部分產品市場。它是利用人們見大不見小，忽視小商品的心理，小中見大、以小勝大的一種市場開發策略。

歐納西斯眼光獨具

第二次世界大戰前的一天，歐納西斯得到一則消息：在經濟蕭條襲擊下，加拿大國營運輸公司元氣大傷，不得不拍賣產業，其中有六艘貨輪，十年前價值二百萬美元，而今船價暴跌，每艘只售二十五萬美元。聽到這消息，歐納西斯高興得跳了起來。他那雙鷹一樣銳利的眼睛，緊緊地盯住了這個千載難逢的目標。他急匆匆趕到加拿大，將這六艘被遺棄在「墓地」的船隻全部買下。在這一領域，他孤注一擲地押上了他的全部資產，因爲他深信：一旦世界經濟復甦，就離不開運輸，他投下的本錢就會像熱帶植物一樣狂長，利潤就會源源而來。當時許多人斷定歐納西斯做了一件蠢事，認爲不久這幾艘船隻連五千美元都不值。事態的發展正如這些人所預料的那樣，年復一年，危機越變越嚴重，整個資本主義世界彷彿陷入泥沼之中。面對嚴酷的現實，歐納西斯毫不動搖自己的決心，堅信好日子一定會到來。

歐納西斯盼望的好日子終於來了，第二次世界大戰爆發了。戰爭，給那些擁有水上運輸工具的人帶來了神奇機會，歐納西斯的六艘大船，一夜之間變成了浮動金礦。到戰爭結束時，他這個「機緣船東」已置身於希臘擁有「制海權」的巨頭行列。

大哲理：善於捕捉資訊，善於對影響市場變化的種種因素進行研究分析，善於以長遠的發展眼光確立目標，這是一個成功經營者在複雜多變的環境條件下，贏得生機的必備素質之一。同時，還要認真研究那些與市場變化和本企業經營相關的國家法令政策，研究這些法令和政策的變化情況，以及其對市場變化和本企業經營帶來的影響。如果一個企業決策者在這方面具有先見之明的眼光，那麼，企業經營成功也就是理所當然的了。

見微知著 超凡脫俗

二十一歲的加州大學學生羅傑，他正面臨畢業求職的難題。顯然，較爲現實的選擇是當個每月領取固定薪資的職員，可是沒多久他又改變了自己的主意。他發現許多專門出售男用飾物的店鋪，僅僅陳列領帶夾、胸章和袖扣，不見有男用戒指供應。實際上，美國的男人都配戴各式各樣的戒指；社會對於男用戒指的需求量極大，而且喜歡花樣翻新，愈是新奇古怪，愈會獲得人們的青睞。羅傑心想：如果把這些戒指與領帶夾、手環、袖扣一起出售，一定會引起人們的注意，自然也會帶來銷路。

說做就做，作爲一個窮學生，羅傑的全部資金只有二百美元，只能做個小本生意。他首先用全部資金向幾家製造業者購買了價值便宜的六打戒指。每個戒指進價爲二美元，轉手即以每只三美元的價格讓給零售店，羅傑從每只戒指中獲取百分之五十的利潤。

很快地，羅傑第一批進的六打戒指全部脫手了，於是他用所得的現款買進更多的戒指，另外又找了一家零售店。自從羅傑從事這項生意後，在第一年中，每星期可賺一百美元；第二年利潤倍增。隨著時間流去，他的生意更加發達，一年的淨利達數萬美元。

現在的羅傑雄心勃勃，自己開起了商店，專事經營男用戒指，成爲一個事業成功的經營者。他憑藉自己的細心、觀察力而「見微知著」，僅僅花了二百美元的小本錢，做起了老闆，高高興興地與領取固定薪資、成爲一個平凡職員的道路告別了。

大哲理：「只要全神貫注地看某件事物，即使變化再微細，都可一目了然。感受變化是思考的前兆。小的變化之後，必有新的時代接踵而來。」這就是採用「見微知著」的方法，確定經營目標的精義之所在，企業管理人員對這番話應謹記在心。

把帽子戴到顧客頭上

有一名業務員，代表斯通公司經銷高質量的影印機。一天，他走進張先生的辦公室，交談中才知道張先生是斯通公司的老主顧。一開始業務員就陷入了困境，張先生說：「兩年前，我們買了一台斯通影印機，它的速度太慢了，我們只得拋售出去。用你們的影印機，我們損失了不少寶貴的工作時間。」

在這種情況下，一般的業務員通常會進行爭辯，說斯通影印機速度與其他影印機一樣快。這樣的爭辯很少能有結果，常常會得到這樣的回答：「好啦，我聽到了，但是我們不再想要斯通影印機。謝謝光臨，再見。」

然而，這位業務員卻沒有這麼做，而是把斯通公司董事長的帽子戴到了張先生的頭上，說：「張先生，假定您是斯通公司的董事長，已經發現影印機速度慢的問題，您會怎麼辦呢？」張先生說：「我會叫我的工程技術部門採取措施，促使他們儘快解決這個問題。」接著業務員笑著說：「這正是斯通公司董事長所做的事情。」異議被突破了！張先生繼續聽完業務員的介紹後，又訂購了一台斯通高質量、高速度的影印機。

大哲理：正是顧客對推銷品產生了異議，才爲推銷人員展示和發揮自己的推銷才能提供了機會。一旦遇到異議，成功的銷售員會意識到，他已經到達了金礦；當他開始聽到不同意見時，他就是在挖金子了；只有得不到任何不同意見時，他才眞正感到擔憂，因爲沒有異議的人，一般不會認眞地考慮購買。

友好地「反駁」

在一家鞋店，顧客挑剔地對老闆說：「這雙鞋子後跟太高了。」老闆再拿出一雙遞給她，她說：「這種式樣我不喜歡。」老闆又拿出一雙，她又莫名其妙地說：「我的右腳比較大，很難找到合適的鞋子。」這時，老闆才開口說了一聲：「請等一下！」便轉身進到裏面，拿出另外一雙鞋子說：「我想這雙鞋子您一定會滿意，請您試穿看看。」顧客半信半疑地試穿那雙鞋子，果然如老闆所說的那樣令她非常滿意，於是高興地說：「這雙鞋子好像專爲我做的一樣。」終於買下帶了回去。

大哲理：成功的推銷員總是誘使顧客回答他們自己的異議。有一句銷售名言：「如果你說出來，他們會懷疑；如果他們說出來，那就是眞的。」顧客提出異議，說明在他們的內心深處想進展，只要引導他們如何進展就行了。只要你在這方面努力，給顧客時間，引導他們，大多數顧客會回答他們自己的異議的。

感受推銷

有天，一家高級服飾店來了兩位顧客，要買一套高級西裝。售貨員是位小夥子，馬上把這套西裝取下來，十分和氣地把衣服遞了過去。試衣的顧客身高馬大，西裝穿上後有些緊身，連外行人看上去都覺得不合適，只見這位小夥子講：「不錯！非常好看！」只見另一位顧客使了個眼色，試衣服的顧客把衣服放下就走了。

大哲理：高級服飾店的銷售人員，怎能以擺地攤的方法去推銷呢？一心想把服裝推給人家，結果適得其反。行銷是在向顧客表達心意，要說明產品能解決顧客的什麼問題，爲顧客帶來什麼利益，使顧客產生新的理解和認識，從而獲得顧客的信任，最後讓顧客自己做出購買的選擇，千萬不能變相地強迫顧客。

個性化行銷

有一家啤酒廠的行銷人員講話結巴，說起他們廠的啤酒，脖子粗了，臉也紅了，往往逗得對方直笑。但他的這種熱情，卻能產生對對方的感染力，因而他的推銷經常取得成功。還有一位行銷員，戴著一副眼鏡，文質彬彬，銷售產品時說話不多，十分認眞地聽大家講，推銷的效果也不錯。因爲他懂得「上帝給了他兩個耳朵、一個嘴巴」，能認眞聽對方的意見是對人家的尊敬。另一位推銷員則憨態可掬，到了客戶公司就熱心幫客戶辦理各種事情，客戶忍不住稱讚說：「我們就喜歡與他打交道，他很實在，一句假話也沒有。」

大哲理：推銷要獲得成功，應具備良好的品質，這就是眞誠、熱情和機敏。推銷絕不能千篇一律，缺乏個性就難以取得成功。對別人的經驗只能學習而不能模仿。優秀的行銷人員頭腦中絕不會塞滿「應該怎麼樣」之類的結論，而是要根據自己的條件和客觀情況，採取最有效的行銷方式。

一切從「不」開始

格蘭特曾要求會見一位客戶的兄弟兼合夥人。這位客戶是一家企業的總裁，格蘭特已賣給他一份大金額的財務計畫。這位客戶猶豫了一段時間後，把格蘭特介紹給他的兄弟：「認識一下格蘭特先生——你最好當心點！」聽了這段介紹，這位兄弟和格蘭特握了手，那位客戶也就離開了房間。

格蘭特還沒來得及張口，這位兄弟說道：「我聽說過你，而且我現在還可以告訴你一些事情。第一，我已有了我需要的所有財務計畫；第二，我的財務計畫剛剛更新過；第三，在你的行業裏，我最起碼有十位私交；最後，你挑了個最差的時刻來訪，這是我們一年中最忙的時候。說實話，我們忙得連照顧自己家人的時間都沒有了。」

格蘭特告訴這位兄弟：「如果您對我說您需要財務計畫協助，我倒眞的會大吃一驚。」格蘭特同意他說的，一個計畫總是可以改變和更新；也贊同他所說的，作爲一個成功的商業人士，肯定會是眾多財務計畫員的注意對象，而且他也可能已認識十個或二十個從事這個行業的人士；更承認他說的，他寶貴的家庭時間已被明顯地吞噬。

這位兄弟對格蘭特能體諒他的處境覺得很高興。他想，終於有一個可以理解我的財務計畫員！當格蘭特告訴他，在成爲一名專業推銷員之前，也和他從事同一行業時，這位兄弟的這種感覺進一步增強了。此時，格蘭特說：「我今天來這兒的唯一目的就是想認識您。明天中午十二點我會再來這兒，如果碰巧您正好有時間吃飯，我想請您吃頓午餐。」

這位兄弟大概從來沒聽過這番話。他遲疑了幾秒鐘，然後說：「好吧，我當然不能讓你等。」在他想說其他任何事情之前，格蘭特趕緊致謝、握手、離開。

第二天中午十一點五十五分時，格蘭特敲響了他的房門。格蘭特等了整個下午嗎？沒有！大約二十分鐘後，他們去吃午飯，然後在餐館裏，格蘭特賣出一大筆財務計畫。從此以後，他便成爲格蘭特最好的和最大的客戶，而且還逐步成爲格蘭特最好的有影響力的中心人物。不僅如此，他們已成爲親密朋友。

大哲理：作爲專業推銷員，要理解準客戶的態度。如果把準客戶最初的反對當眞，交易就永遠不會完成。冒昧行爲經常就是你的工作，你想過爲什麼最初的障礙打破後，準客戶對你的態度會有如此劇烈的變化嗎？他們向你傾訴，坦誠地詢問你的意見，而且不只局限於你推銷的產品和服務。你變成他們希望的談話對象，而且他們會告訴你一些他們不會告訴其他人的事情。這種態度轉變是生活遊戲的一部分：人們想做的事很多，但眞正去做的事卻很少。

當客戶認識到你所具備的專長、能力和信心，能夠幫助他們完成一些他們想做的事情時，一名專業推銷人員與一名客戶的關係就能向前發展，有時能延續得很長很長。

國家圖書館出版品預行編目資料

超凡脫俗：成功路上的相對論／周方野著. -- 初版. --
新北市：華夏出版有限公司, 2023.12
面；　公分. --（Sunny 文庫；310）
ISBN 978-626-7296-27-1（平裝）
1.CST：成功法 2.CST：自我實現

177.2　　112004517

Sunny 文庫 310
超凡脫俗：成功路上的相對論

著　作　周方野
出　版　華夏出版有限公司
220 新北市板橋區縣民大道 3 段 93 巷 30 弄 25 號 1 樓
電話：02-32343788　傳真：02-22234544
E-mail：pftwsdom@ms7.hinet.net
印　刷　百通科技股份有限公司
電話：02-86926066 傳真：02-86926016
總經銷　貿騰發賣股份有限公司
新北市 235 中和區立德街 136 號 6 樓
電話：02-82275988　傳真：02-82275989
網址：www.namode.com
版　次　2023 年 12 月初版一刷
特　價　新台幣 300 元（缺頁或破損的書，請寄回更換）

ISBN-13：978-626-7296-27-1

尊重智慧財產權・未經同意請勿翻印（Printed in Taiwan）